Daniel Föller

Wikinger

Wissen, was stimmt

W0059889

HERDER spektrum

Band 6106

Das Buch

Die Wikinger: Noch immer erscheinen sie rätselhaft und faszinierend. Wer
waren sie? Die von allen gefürchteten Krieger und Räuber? Oder Staaten-
gründer und frühzeitliche Kolonialisten? Haben sie tatsächlich Amerika
entdeckt? Und wie steht es um ihre vielgerühmten Fertigkeiten in der
Seefahrt? Wurden sie durch das Christentum gezähmt? Und gab es überhaupt die »Wikinger«? Daniel Föller gibt die wichtigsten Antworten.

Der Autor

Daniel Föller ist Mittelalterhistoriker. Er studierte Geschichte und Skan-
dinavistik in Frankfurt am Main und arbeitet derzeit am Historischen
Seminar der Universität Mainz. Seine Dissertation befasst sich mit dem
Denkstil wikingerzeitlicher Skandinavier.

Daniel Föller

Wikinger

Wissen, was stimmt

HERDER

FREIBURG · BASEL · WIEN

Abbildungsnachweise:
Abb. S. 42, 58, 95, 109, 119: Wikipedia
Abb. S. 65: Stich aus Ludvig F. A. Wimmer: De danske runemindesmærker.
Abb. S. 76: © National Historical Museum Stockholm Sweden
Abb. S. 89: © Christer Åhlin/National Historical Museum Stockholm Sweden
Abb. S. 93: © Lennart Larsen/The National Museum of Denmark

Meinen Eltern
Elke und Horst Föller

Originalausgabe

Umschlagkonzeption:
Agentur R·M·E Roland Eschlbeck
Umschalggestaltung: Verlag Herder
Umschlagmotiv: © Mauritius Images

Layoutkonzeption: rsrdesign, Wiesbaden

Herstellung: fgb · freiburger graphische betriebe
www.fgb.de

Gedruckt auf umweltfreundlichem, chlorfrei gebleichtem Papier
Printed in Germany

ISBN 978-3-451-06106-0

Inhalt

Einleitung

Die Wikinger sind en vogue. Schifffahrtslinien, Autoreifen, Sportmannschaften und Hotels in aller Welt werden nach ihnen benannt. Sie sind Protagonisten von Romanen, Kinofilmen und Computerspielen, und die Anzahl der ihnen gewidmeten Ausstellungen und Museen ist nahezu unüberschaubar. Der vom schwedischen Konzern Ericsson entwickelte Technologiestandard »Bluetooth« ist nach dem wikingerzeitlichen Dänenkönig Haraldr »Blauzahn« († ca. 988) benannt, sein Logo ist eine Ligatur der Initialen HB – in wikingerzeitlichen Runen, versteht sich (S. 81).

Die Wikinger sind Teil unserer dynamischen Gegenwartskultur, da sie selbst als dynamische Kultur erscheinen. Propagiert von Fernsehsendungen wie der ZDF-Dokumentation »Genies aus der Kälte« (1996) und Büchern wie »The Viking Achievement« (1970), beschränkt sich das heutige Bild nicht mehr nur auf den kraftstrotzenden Seeräuber, sondern beinhaltet andere Aspekte: Entdeckergeist, technische Innovation (vor allem in der Seefahrt), weitgespannte Handelsverbindungen, kulturelle Weltläufigkeit und Toleranz, die emanzipierte Stellung der Frau. Die Wikingerzeit wird präsentiert als ein frühmittelalterliches Abbild der Gegenwart – die Wikinger sind wie wir.

Aktualität der Wikinger

Das moderne Wikingerbild

Diese Spiegelung der eigenen Gegenwart in der Wikingerzeit ist freilich nicht neu. Die nordischen Königreiche des 17. und 18. Jahrhunderts betonten ebenso wie der Imperialismus des 19. und frühen 20. Jahrhunderts die kolonisatorischen Leistungen und militärische Dominanz der Wikinger. Die Freiheitsbewegungen nach der Französischen Revolution machten sie zu frühmittelalterlichen Demokraten. Die Kommunisten sahen eine egalitäre Gesellschaftsordnung, die Nationalsozialisten betrachteten sie als Exponenten »rassischer Reinheit« und »germanischer Überlegenheit«. Die Nachkriegszeit schließlich entwickelte das oben umrissene Bild.

Auch wenn keine dieser Vorstellungen je totale Gültigkeit beanspruchen konnte und vergangene Wikingerbilder bis zu einem gewissen Grade oftmals wirksam blieben, so zeigt sich in ihrer Vielfalt doch mehr als die übliche Zeitgebundenheit von Geschichtsauffassungen. Die Wikingerzeit erscheint als das Chamäleon unter den historischen Epochen. Die Intensität und Regelmäßigkeit, mit der sie als Projektionsraum für die jeweils aktuellen Selbstbilder dient, verbunden mit der nicht selten gegebenen Unvereinbarkeit der verschiedenen Vorstellungen, wirft die Frage nach den Gründen für diese Wandelbarkeit auf.

Aus der Vielzahl von Überlegungen, die als Antwort auf diese Frage möglich sind, sollen hier zwei Gedanken herausgegriffen werden. Erstens führt die massive kulturelle Fremdheit der heidnischen oder gerade im Christianisierungsprozess begriffenen skandinavischen Gesellschaften des Frühmittelalters beinahe notwendig zu Interpretationen, in denen das vertraut Erscheinende im Mittelpunkt der eigenen Wahrnehmung steht; zweitens erleichtert die spezifische Quellensituation für die Wikingerzeit ihren Gebrauch als Projektionsraum.

Die Kulturen des wikingerzeitlichen Skandinavien waren vor allem mündlich geprägt, und dementsprechend haben sich kaum einheimische zeitgenössische Quellen erhalten. Die etwa 3500 Runeninschriften – zu 90 Prozent in Stein geritzte kurze Texte zum Totengedenken, der Rest fast ausschließlich Graffiti – und etwas mehr als 1000 Strophen aus Lobgedichten der »Skalden« genannten Hofdichter auf skandinavische Fürsten stellen unsere einzigen einheimischen Textzeugen dar. Sie erlauben einen nur lückenhaften Einblick in die Geschichte des frühmittelalterlichen Nordens und sind zudem nur schwer verständlich, damit in höchstem Maße interpretationsbedürftig.

Runeninschriften und Skaldengedichte

Auch der Blick von außen, also die zeitgenössischen Zeugnisse anderer Kulturen über die Skandinavier der Wikingerzeit, erweist sich als problematisch. Hier schlägt vor allem die Schwierigkeit der Zeitgenossen zu Buche, fremde Kulturen in ihrer Fremdheit zu erkennen und zu beschreiben. Entsprechend dem Goetheschen Diktum »Man sieht nur, was man weiß«, waren die Beobachtungen vom eigenen Vorwissen beeinflusst, größtenteils sogar verzerrt, und sagen meist

Auswärtige Quellen

mehr über die Barbarenklischees der fränkischen, angelsächsischen, byzantinischen und arabischen Autoren aus als über ihren Gegenstand, die Skandinavier.

Spätere skandinavische Quellen Ähnliche Schwierigkeiten begegnen uns bei den skandinavischen Autoren des Hochmittelalters. Durch den kulturellen Bruch der Christianisierung (siehe unten, S. 98–104) waren sie von ihren wikingerzeitlichen Vorfahren so weit entfremdet, dass sie deren mündliche, runenschriftliche und sonstige Hinterlassenschaften kaum mehr verstehen konnten und regelmäßig missdeuteten, immer vom Blickwinkel ihres eigenen Jetzt aus. Wiederum sagen die Texte mehr über die Vorstellungen ihrer Autoren als ihren Gegenstand aus. Dennoch galten jene Quellen, Eddas und Sagas, lange Zeit als zuverlässige Informationsquellen zur Wikingerzeit; dementsprechend liegen die Ursprünge unseres Wikingerbildes hier.

Archäologische Zeugnisse Vor diesem Hintergrund ist es verständlich, dass den schriftlosen Befunden der Archäologie, also der materiellen Kultur des frühmittelalterlichen Skandinavien, besondere Aufmerksamkeit zukommt. Sie erlebt derzeit einen beispiellosen Aufschwung. Beinahe jährlich werden durch Ausgrabungen neue und teils bahnbrechende Erkenntnisfortschritte erzielt, oft mit neuesten naturwissenschaftlichen Methoden. Nichtsdestotrotz ist die materielle Kultur aufgrund der ihr eigenen Sprachlosigkeit in besonderem Maße offen für Interpretationen, die durchaus unterschiedlich ausfallen können und sich meist erst aus einem Abgleich mit Schriftquellen ergeben.

Um den angesprochenen Verzerrungen so weit wie möglich aus dem Weg zu gehen (ganz kann das nie gelingen), gilt es, die kulturelle Fremdheit der wikingerzeitlichen Skandinavier anzuerkennen und zu begreifen, dass uns einige Bereiche ihrer Kultur verschlossen und unverständlich bleiben werden. Die Konsequenz (zumindest im Rahmen dieses Buches) ist die Fokussierung auf jeweils zeitgenössische, möglichst skandinavische Quellen und archäologische Befunde. Das hier entworfene Bild wird also lückenhaft und fremdartig sein, deswegen aber nicht weniger faszinierend. Der gegebene Umfang erlaubt eine umfassende Einführung in mehr als drei Jahrhunderte skandinavischer Geschichte nicht, daher sollen nur die wesentlichen historischen Entwicklungen (Reisen der Wikinger, Entstehung der nordischen Königreiche, Christianisierung Skandinaviens) umrissen und ihre Folgen skizziert werden.

Fokussierung auf zeitgenössische Quellen

Das moderne Wort »Wikinger«, das es in allen europäischen Sprachen gibt, hat seine Wurzeln in einem frühmittelalterlichen Begriff. Der altnordische *víkingr* und sein angelsächsisches Äquivalent *wicing* bezeichneten zunächst allgemein einen Seekrieger oder Piraten. Im späteren 9. und im 10. Jahrhundert, als die skandinavischen Überfälle auf die britischen Inseln ihren ersten Höhepunkt erreichten, kam eine ethnische Komponente hinzu: *wicing* meinte die wort-

Mittelalterliche Wurzeln von »Wikinger«

wörtlichen »Schiffsladungen« (*sciphlæst*) von »Dänen« (*dene*), die England heimsuchten.

In den zeitgenössischen Quellen kursierten die unterschiedlichsten Begriffe für die Skandinavier. Die Autoren der lateinischen Christenheit bezeichneten sie allgemein als »Barbaren«, »Piraten« oder »Heiden«; um sie als Skandinavier zu bestimmen, nannte man sie »Nordleute« (*Normanni*) oder »Dänen« (*Dani*), ohne dass diese Begriffe Norweger oder Dänen im engeren Sinne meinen mussten (aber durchaus konnten). Die Byzantiner missverstanden altnordische Sozialbezeichnungen regelmäßig als Volksnamen, und so wurde aus schwedischen »Ruderleuten« (**róðʀ*) das Volk der *Rhōs*, später dann aus »Verschworenen« (*væringiaʀ*) das der *Varangoi*; auch antikisierende Benennungen waren im griechischen Osten beliebt, etwa die als »taurische Skythen« (*Tauroskythai*), was alle Völker nördlich des Schwarzen Meeres meinen konnte. Diese Pluralität der Fremdbezeichnungen deutet an, dass die Skandinavier über keine eigene allgemeine Selbstbenennung verfügten, auf die ihre Beobachter hätten zugreifen können.

Die große Relevanz des modernen Wikingerbegriffes in Wissenschaft und Öffentlichkeit hat zu einer intensiven Beschäftigung mit seinen Bedeutungsvarianten und seinem sprachlichen Ursprung geführt. Mehrere altnordische Worte sind dafür im Gespräch: *vík* (»Bucht«), *víg* (»Kampf«), *vika* (Distanz, die eine Rudermannschaft am Stück zurücklegen konnte) oder das Verbum *víkja*

(»weichen, außer Landes gehen«); daneben werden noch die südnorwegische Landschaft Viken (um den Oslofjord herum) oder der in mehreren germanischen Sprachen vorhandene Begriff *wīc* (vom lateinischen *vicus*) in der Bedeutung »Handelsplatz« angeführt. Freilich hat sich bislang keiner dieser Vorschläge durchsetzen können.

Das heutige Verständnis des Wortes weicht von seinem mittelalterlichen Gebrauch ab. Mehrere Bedeutungsstränge vereinigen sich in ihm: skandinavische Abstammung, eine Verbindung zur Seefahrt, oft auch eine Kriegeridentität; hinzu kommen Assoziationen verschiedener Charakterzüge wie Abenteuerlust, Entdeckergeist, Gier und Skrupellosigkeit, oft ergänzt um Barbarenklischees wie Brutalität, mangelnde Affektbeherrschung oder Naturverbundenheit. Meist wird »Wikinger« aber nur allgemein für die Skandinavier des Frühmittelalters benutzt.

Heutiger Wikingerbegriff

Der seit der Romantik in Skandinavien populär gewordene Begriff wurde zu einer Epochenbezeichnung, als 1873 das Buch »Die Kultur der Dänen in der Wikingerzeit« (*De Danskes kultur i Vikingetiden*) des national orientierten Altertumsforschers Jens Jakob Asmussen Worsaae (1821–1885) erschien. Heute wertet man für gewöhnlich den ersten spektakulären skandinavischen Überfall, die Plünderung der northumbrischen Klosterinsel Lindisfarne am 8. Juni 793, als Beginn der Wikingerzeit und das Jahr 1066 mit der gescheiterten norwegischen und der erfolgreichen normannischen Invasion Englands als deren Ende.

Die Wikingerzeit als historische Epoche

Freilich hat jede nationale Geschichtstradition »ihre« Wikingerzeit mit zumindest unterschiedlichen Endpunkten. Während Briten und Norweger bei 1066 übereinstimmen, betrachten die Dänen meist das Jahr 1035 mit dem Tod des Königs Knūtr »des Großen« und dem Auseinanderbrechen seines Nordseeimperiums als Endpunkt der Wikingerzeit, die Schweden den Abschluss der Christianisierung im früheren 12. Jahrhundert und die Deutschen nicht selten das Jahr 1103, als sich Skandinavien mit der Gründung des Erzbistums Lund aus der Kirchenhoheit des Missionserzbistums Hamburg-Bremen löste.

Sowohl am nationalen Zuschnitt als auch der Orientierung an Daten der Ereignisgeschichte wurde vonseiten der Archäologie Kritik geübt. Der schwedische Archäologe Fredrik Svanberg sah in dieser während des imperialistischen Zeitalters erfolgten Periodisierung eine regelrechte Kolonisierung der eigenen Vergangenheit und forderte eine »Dekolonisierung der Wikingerzeit«. In der Tat widersprechen die meist allmählich stattfindenden Veränderungen der materiellen Kultur den jähen Brüchen historischer Periodisierung, und es ist nur folgerichtig, wenn die Archäologie andere zeitliche wie räumliche Einteilungen favorisiert.

Archäologisch gehören das 8. bis 11. Jahrhundert in Skandinavien zur Periode der »späten Eisenzeit«. Aus materiellen Gemeinsamkeiten leiteten vor allem englische und skandinavische Wissenschaftler die Idee einer europaweit verbreiteten, relativ homogenen Kultur des »Late Iron Age«

vom 5. bis zum 11. Jahrhundert her. Ein anderer Ansatz ist eher regional orientiert und wird von der Idee des Meeres als verbindendem Element des Kulturkontakts getragen, nämlich der einer je eigenen Kultur des Nord- und Ostseeraums. Beide Konzepte haben freilich ihre Tücken. Bei der Kultur des europäischen »Late Iron Age« werden aus bloßen materiellen Überresten weitreichende Schlüsse auf Mentalität und Sozialstruktur gezogen, womit die Vielfalt und Unterschiedlichkeit der jeweiligen historischen Kontexte einer in der Moderne behaupteten kulturellen Einheit geopfert wird. Die Nord- und Ostseekulturen hingegen sind, so wichtig die Betonung der verbindenden und nicht trennenden Rolle des Meeres auch ist, zu sehr auf die Küsten fokussiert. Sprachgrenzen und sonstige politische wie kulturelle Unterschiede, aber auch Verbindungen jenseits der maritimen Kontaktzonen, werden dabei zu stark außer Acht gelassen.

Eine ideale Lösung für das Problem der Periodisierung gibt es also nicht. Da in einer mündlichen Kultur wie dem skandinavischen Frühmittelalter Geschichtsbewusstsein und Zeitempfinden anderen Regeln folgten als heute, muss jede uns schlüssig erscheinende Periodisierung automatisch nachträglich und künstlich sein. In Kombination der bewährten historischen Abgrenzungen mit der Prozesshaftigkeit der archäologischen Befunde soll hier unter »Wikingerzeit« das 8. bis 11. Jahrhundert verstanden werden. Zumindest für die Frage nach dem regionalen Zuschnitt findet sich aber ein Lösungsansatz in der skandina-

Zeitliche und räumliche Abgrenzungen

vischen Selbstwahrnehmung jener Zeit. In einer etwa 1015 entstandenen Skaldenstrophe begegnet uns das Konzept der »dänischen Zunge« (*dǫnsk tunga*) – also der altnordischen Sprache –, das Zusammengehörigkeit an eine gemeinsame Sprache knüpft. Es soll also nicht von Wikingern, sondern – um den modernen Charakter der Bezeichnung zu verdeutlichen – von Skandinaviern gesprochen werden, was die Sprecher der altnordischen Dialekte meint.

Die Reisen der Wikinger

Waren die Wikinger die besten Seefahrer
ihrer Zeit?

Hochseeschifffahrt und Navigation in der Wikingerzeit

Bereits seit der Steinzeit hatte die Seefahrt in
Skandinavien eine besonders große Bedeutung für
das Leben der Menschen. Die geographische Ge-
stalt Skandinaviens mit ihren durch Fjorde, Schä-
ren, Archipele und Binnengewässer langen Küsten
sowie einem zugleich durch Sümpfe, Gebirge und
Tundra unwirtlichen Landesinneren machte die
Wasserstraßen zum wichtigsten Kommunikations-
weg, und der Tierreichtum der Gewässer bildete
eine wesentliche Nahrungsquelle. Felsritzungen,
Bootsbestattungen sowie Schiffsfunde aus ver-
schiedensten Perioden belegen dies eindrucksvoll.

Bedeutung der Seefahrt in Skandinavien

Über Jahrtausende waren die skandinavischen
Boote nur mit Muskelkraft bewegt worden, ge-
stakt, gepaddelt und gerudert. Die Schiffbautech-
nik war bereits in der Völkerwanderungszeit hoch-
entwickelt, wie das im süddänischen Nydam-Moor
gefundene Wrack eines Kriegsschiffes aus der Zeit
um 320 zeigt, das knapp 23 m lang ist und 45 Krie-

Geruderte Schiffe im Norden

gern Platz bot. Trotz der Kontakte zu den Römern, deren Segelschiffe die Nordsee befuhren, wurden lange keine Segelschiffe in Skandinavien gebaut.

Einführung des Segels in Skandinavien

Wann genau das Segel Einzug in die skandinavische Schiffbautradition hielt, ist unbekannt. Der älteste Fund eines skandinavischen Segelfahrzeugs ist das um 820 gebaute Oseberg-Schiff. Doch finden sich Darstellungen von Schiffen ähnlicher Bauart schon auf gotländischen Bildsteinen des 8. Jahrhunderts sowie auf dänischen Münzen aus der Zeit um 800, und bereits der Überfall auf Lindisfarne im Sommer 793 erfolgte von der offenen See aus, wie wir aus einem zeitgenössischen Brief wissen. Anscheinend begann man im Laufe des 8. Jahrhunderts in Skandinavien mit dem Bau von Segelschiffen. Die Gründe dafür sind ungewiss.

Folgen des Segels

Wenn es sich bei der Einführung des Segels auch um eine langsame Entwicklung handelte, so waren doch die Folgen revolutionär, und man darf behaupten, dass das Segel am Anfang der Wikingerzeit steht. In einem Segelschiff konnte man in kürzerer Zeit größere Strecken zurücklegen und mehr Waren (oder Menschen) im Verhältnis zur Mannschaft transportieren; zudem öffnete sich den Skandinaviern ein bislang ungenutzter Verkehrsraum, der rascheren Zugang zu bereits bekannten und die Erschließung völlig neuer Gebiete bedeutete: die Hochsee.

Seetüchtigkeit skandinavischer Segelschiffe

Durch zahlreiche Schiffsfunde sind wir über die Schiffbaumethoden und technischen Eigenschaften der Fahrzeuge gut unterrichtet. Mehrere originalgetreue Repliken haben sich als äußerst seetüchtig erwiesen. Bereits 1893 überquerte ein Nachbau des Gokstad-Schiffs (von ca. 890) den Atlantik, und die *Saga Siglar*, der Nachbau eines Frachtschiffes von etwa 1030, umsegelte in den 1980ern die ganze Welt. Mit Spitzenwerten von bis zu 14 Knoten (ca. 26 km/h) haben sich die frühmittelalterlichen Schiffe zudem als außergewöhnlich schnell erwiesen und liefen Geschwindigkeiten, die erst im 19. Jahrhundert wieder erreicht wurden.

Der Bau eines solchen Schiffes war eine kostspielige Angelegenheit. Zwar konnten die notwendigen Rohstoffe (Langholz, Eisen, Wolle) leicht beschafft werden, und es scheint keine spezialisierten Arbeitskräfte oder Werften gegeben zu haben, doch war der Aufwand an Arbeitskraft enorm: um die 40 000 Arbeitsstunden waren für den Bau eines Langschiffes von 30 m Länge notwendig. Es überrascht daher kaum, wenn die Schiffe an ihre jeweiligen Aufgaben so gut wie möglich angepasst wurden und sich im Laufe des 10. Jahrhunderts verschiedene Schiffstypen herausbildeten. Die beiden wichtigsten sind das gesegelte Frachtschiff (*knǫrr*) und das sowohl zu segelnde als auch zu rudernde Langschiff für den Krieg.

Wikingerzeitlicher Schiffsbau

Dass Skandinavier spätestens um 800 aufs offene Meer vorstießen, ist unbestreitbar (zur Expansion im Nordatlantik siehe S. 36 f.), ebenso, dass sie in der Lage waren, nur über die hohe See erreichbare Ziele regelmäßig anzusteuern, sich also auch außer Sichtweite der Küsten zu orientieren. Diese Hochseenavigation erfolgte gänzlich ohne

Hochseenavigation

Instrumente (mit Ausnahme des Senkbleis zur Ermittlung der Wassertiefe) und höher entwickelte Mathematik oder Astronomie. Die Rekonstruktion eines vermeintlichen »Sonnenkompass« ist höchst spekulativ und unterstellt einen Grad an abstraktem Raumdenken, der für eine mündlich geprägte Gesellschaft völlig abwegig ist.

Raumverständnis der Wikingerzeit In der Wikingerzeit wurden Orte nicht innerhalb eines absoluten Koordinatensystems (z. B. Längen- und Breitengrade) gedacht, sondern vielmehr durch konkrete Routen miteinander in Relation gesetzt. Absolute geographische Position und gedachtes Verhältnis können sich dabei durchaus widersprechen, wie an nachfolgender Segelbeschreibung von ca. 890 zu erkennen ist: Unzweifelhaft liegt Irland nicht nördlich von Britannien, aber um es auf dem direktem Seeweg zu erreichen, muss man Schottland nördlich umschiffen, die norwegische Küste also weiter nördlich verlassen, als wenn man nach England segelt. Selbst Himmelsrichtungen mussten nicht absolut sein. Der »Ostweg« (*austrvegr*) beispielsweise führte über die russischen Flüsse ins Schwarze Meer bis nach Konstantinopel und ins byzantinische Süditalien; wer von Schweden aus, also den »Ostweg« entlang reiste, gelangte nach Süden und sogar Westen.

Orientierungsmethoden auf hoher See Entlang dieser festen Routen orientierte man sich außer Sichtweite der Küste anhand der Beobachtung charakteristischer Naturphänomene, wie Strömungen, Farbe und Geschmack des Seewassers, Gerüchen, dem Vorkommen bestimmter Tierarten etc.; ob und wie weit die Beobachtung des Himmels (besonders des Polarsterns) eine Rolle spielte, ist ungewiss. Diese spezifischen Informationen wurden für jede Route auswendig gelernt und das erinnerte Wissen während der Reise ständig mit der Beobachtung der Umgebung abgeglichen – ein durch die schiere Menge an präsent gehaltener Information höchst komplexer kognitiver Prozess.

»Dann ist dort ein Hafen südwärts in diesem Lande (= Norwegen), den man *Sciringes heal*[1] heißt. Dazu sagte er, dass man nicht in einem Monat dorthin segeln könne, wenn man nachts rastet und jeden Tag guten Wind hätte. Und alle Zeit soll er beim Lande segeln; und an seinem Steuerbord wird zuerst Irland sein, und dann die Inseln, die zwischen Irland und diesem Land (= Britannien) sind. Dann ist es dieses Land bis er nach *Sciringes heal* kommt, und den ganzen Weg an seinem Backbord Norwegen[2].«

Beschreibung der Fahrt von Nordnorwegen in den Oslofjord aus dem Bericht des norwegischen Seefahrers Ohthere, eingeschoben in die altenglische Orosius-Übersetzung des angelsächsischen Königs Ælfrēd (Alfred) »des Großen« († 899).

[1] Kaupang am Oslofjord.
[2] Das altenglische *norðweg* meint zunächst nur die Seeroute nach Norden an der norwegischen Küste entlang; aus dieser Bezeichnung ging der Ländername »Norwegen« erst hervor (s. u., S. 67).

Die große wirtschaftliche und militärische Bedeutung des Schiffes sorgte für ein hohes Prestige nautischer Kompetenzen. Neben militärischer Eignung, Reichtum, Großzügigkeit, Klugheit und der Beherrschung verschiedener aristokratischer Fertigkeiten gehörte auch die Seefahrt zum Habitus der wikingerzeitlichen Oberschichten. Die Skalden lobten in ihren Versen die Fürsten regelmäßig für ihr nautisches Geschick, und professionelle Steuerleute, die die Schiffe anderer Eigner führten, waren hoch angesehene Männer.

Die kulturelle Bedeutung der Seefahrt spiegelt sich auch in anderen Bereichen. Schiffsreisen und Seeschlachten gehörten zu den beliebtesten Sujets der Skaldendichtung, und es gibt aberhunderte poetischer Bilder (*kenningar*) für das Schiff. Auf den unterschiedlichsten Bildträgern finden sich zahlreiche Schiffsdarstellungen, und in Form von Schiffsbestattungen oder Steinsetzungen in Schiffsform fand es auch Eingang in die Grabkultur. Nicht erst heutzutage ist es das wichtigste Symbol der Wikingerzeit.

Trieben die Wikinger überall in der Welt Handel?

Der Handel der Wikingerzeit und seine Folgen

Wie zu allen Zeiten war der Handel der Wikingerzeit stark von politischen Entwicklungen, dem Vorhandensein von Überschüssen und der Verfügbarkeit von Zahlungsmitteln bestimmt. Er durchlief Aufschwünge, Krisen und Transformationsprozesse, ohne dass diese hier ausführlich diskutiert werden könnten; vielmehr wird es um grundlegende Strukturen und Charakteristiken gehen. Seinen Anfang nahm der wikingerzeitliche Handel, als sich im Laufe des 8. Jahrhunderts, von den britischen Inseln bis ins Baltikum Fernhandelsnetzwerke etablierten. Bis um 1100 hatten skandinavische Händler durch ihre überlegenen Schiffe und ihre Scharnierfunktion zwischen Westeuropa und dem byzantinischen wie muslimischen Osten großes Gewicht. Danach wurde der nordische *knǫrr* von der Kogge und die Skandinavier von der Hanse allmählich verdrängt.

Dynamik des wikingerzeitlichen Handels

Die Netzwerke der skandinavischen Fernhändler reichten weit. Irland, die britischen Inseln, die französischen Küsten, der gesamte Nord- und Ostseeraum, das russische Flüssesystem bis ins Schwarze und Kaspische Meer, Konstantinopel, nicht zuletzt die altnordische Welt mit Skandinavien inklusive Island und Grönland waren miteinander verbunden. Fernhandel bedeutete meist Seehandel, und selbst auf den Wegen durch Russland zogen die Skandinavier Flüsse als Verkehrswege

Reichweite des Fernhandels

vor. Er folgte gewöhnlich festen Routen wie dem bereits genannten »Ostweg« und war abhängig von Jahreszeiten und Witterungsverhältnissen.

Die Knotenpunkte in jenem Netzwerk von Handelsrouten waren die Handelsplätze (Emporien), in erster Linie Häfen. Vor allem in Westeuropa waren *wīcs* (s. o., S. 13) wie Hamwic (Southampton), Quentovic (Pas-de-Calais) oder Dorestad (bei Utrecht) bereits im 8. Jahrhundert entstanden, doch auch in Skandinavien sowie in slawischen und baltischen Gebieten gab es sie. Ribe und Hæðabȳʀ in Jütland, Birka im schwedischen Mälarsee, Kaupang am Oslofjord wurden im Laufe des 8. Jahrhunderts gegründet, viele weitere sollten folgen. Hier wurden Güter verladen, Rohprodukte verarbeitet, konnten Schiffe repariert, Vorräte ergänzt und Transportmöglichkeiten gefunden, nicht selten auch die Waren verkauft werden.

Der Fernhandel der Wikingerzeit war hauptsächlich ein Handel mit Luxusprodukten. Bernstein, Pelze, Walrosszähne und vor allem Sklaven waren die von skandinavischen Händlern angebotenen Waren, und was sie nicht gegen Silber verkauften, tauschten sie gegen die Erzeugnisse des Südens, vom rheinischen Basaltmühlstein über fränkische Glasbecher, hochwertig verarbeitete Schwertklingen, orientalische Glasperlen bis zur byzantinischen Seide. Der Handel stellte für die Skandinavier eine willkommene Möglichkeit dar, Überschüsse zu erwirtschaften, die sich den kargen Böden und kurzen Sommern des Nordens nicht abgewinnen ließen.

»Bōtmundr und Bōtræifʀ und Gunnvarr, die errichteten den Stein (nach NN, ihrem Vater) ... und er saß südwärts mit Pelzen. Und er endete in Ulfshali[1] ...«
Runenstein von Stenkumla (Gotland), spätes 11. Jahrhundert, errichtet für einen Pelzhändler von seinen Söhnen, wie wir von einem anderen Runenstein wissen.
[1]Halbinsel auf der dänischen Insel Møn

Bezahlt wurde für gewöhnlich mit Silber, wie wir aus zahlreichen Hortfunden wissen. Ausschlaggebend war das Gewicht des Edelmetalls, Silberschmuck und -barren, ja sogar Münzen wurden zerhackt und dieses Hacksilber dann gewogen. Nach einem kurzen Versuch um 800 wurden in Skandinavien erst ab dem späten 10. Jahrhundert Münzen geprägt. Davor verfügte man über normierte Silber- und Bronzebarren, und rund um die Irische See wurden Armreife hergestellt, von denen man mit Kerben markierte, gleichmäßig schwere Stücke abbrechen konnte.

Silber als Tauschmittel

Die Weite der Fernhandelsnetzwerke und das Ausmaß des Verkehrs sorgten für intensive Kulturkontakte. Fremde Handwerker und Kaufleute lebten dauerhaft in den Emporien, wie archäologische Funde belegen, und die Skandinavier selbst waren in der Fremde auf die Zusammenarbeit mit Einheimischen angewiesen. Gerade diese Handelskontakte dürften neben der christlichen Mission einen wesentlichen Beitrag zur kulturellen Dynamik der Wikingerzeit geleistet

Handel und Kulturkontakt

haben, allen sprachlichen, kulturellen oder religiösen Differenzen zum Trotz.

Überschneidung mit gewaltsamen Formen des Erwerbs Oft überschnitt sich der Handel mit anderen Formen des Profiterwerbs. Zum Schutz ihrer Waren verfügten Kauffahrer über ein Gefolge von Bewaffneten, wodurch sie sich wertvolle Güter auch mit Gewalt verschaffen konnten. Bekannt ist aus der Beschreibung des byzantinischen Kaisers Kōnstantinos VII. *Porphyrogennētos* (des »Purpurgeborenen«, † 959) etwa die Wirtschaftsform der in Russland operierenden Gruppen, die im Winter von den einheimischen Slawen Tribute in Form von Pelzen erpressten und diese im Sommer in Konstantinopel verkauften. Auch und gerade der lukrative Sklavenhandel (nach dem polnischen Historiker Henryk Samsonowicz erzielte eine einzige Sklavin einen Preis von mindestens 400 Denaren, etwa 680 g Silber) war mit Gewalt verbunden, sowohl um Gefangene zu machen als auch um später ihren Willen zu brechen, was im Falle von Frauen offenbar mit systematischen Vergewaltigungen geschah.

Gefahren des Handels Generell war der Fernhandel gefährlich, auch für die Kaufleute. Da in den meisten Gebieten des frühmittelalterlichen Europa keine allgemeingültige Rechtsordnung und keine Zentralgewalt vorhanden waren, musste man sich und seine Waren selbst schützen. Fremde waren potentiell Freiwild, da sie nicht zu den einheimischen Gemeinschaften gehörten und folglich von deren Recht nicht geschützt wurden. Piratenüberfälle, Raub und Erpressung waren an der Tagesordnung. Auch harte Verkaufsverhandlungen konnten mitunter lebensgefährlich sein, denn man war nie sicher, ob der andere sich Silber oder Güter nicht mit Gewalt verschaffen würde.

Zusammen mit anderen Faktoren wie Wetter, Krankheit oder Unfällen sorgten diese Gefahren für hohe Kosten und enorme Risiken im Fernhandel. Es entstanden Sozialformen, mit denen diese Probleme besser handhabbar wurden, indem man die Belastungen auf mehrere Schultern verteilte. Zwischen Einzelpersonen konnte eine Partnerschaft (*félag*, wörtlich »Besitzregelung«) geschlossen werden, die auf eine Vielzahl von Wirtschaftsaktivitäten – Handel, Landerwerb, Raubfahrten – anwendbar war. Bereits im 11. Jahrhundert entstanden mit den Gilden institutionalisierte Vereinigungen von Kaufleuten, die etwa auch für das Totengedenken Sorge trugen.

Kaufmannsverbünde

Diese Fragilität des Handels und die enormen Gewinne riefen regionale Machthaber, später Könige und ihre Vertreter auf den Plan. Gegen einen Teil der Waren sorgten diese *warlords* mit ihren Gefolgschaften für den Schutz der Händler und Waren, zumindest innerhalb der von ihnen kontrollierten Emporien. Für die Gefolgschaftsherren bedeutete dies hohe Einnahmen, was die Gewalt über einen Handelsplatz ausgesprochen attraktiv machte. In der Folge gründete man neue Handelsplätze, kämpfte mit anderen Kriegsherren um die Kontrolle bereits existierender Emporien oder zerstörte konkurrierende Orte.

Handel und Herrschaftsbildung

Versetzten die Wikinger ganz Europa in Angst und Schrecken?

Entwicklung und Verlauf der Raub- und Eroberungszüge

Beginn der skandinavischen Überfälle

Wann genau skandinavische Seefahrer begannen, Überfälle zu unternehmen, lässt sich nicht mehr rekonstruieren. Dem ersten berühmten Angriff auf das nordostenglische Kloster Lindisfarne im Sommer 793 war mindestens ein weiterer Überfall einige Jahre früher vorausgegangen (wohl 788), bei dem ein Amtsträger des Königs von Wessex erschlagen wurde. 794 wurden die britischen Inseln von einer ganzen Serie von Angriffen erschüttert, und für 795 vermelden die irischen Annalen von Ulster die »Verbrennung von Rechru (= Kloster vor der ostirischen Küste) durch die Heiden«. 799 wurde auch das karolingische Frankenreich zum Ziel skandinavischer Angriffe, und der erste Überfall auf die Nordküste des byzantinischen Kleinasien datiert auf 818/19.

Überfälle bei Gelegenheit

Anfangs scheint es sich um Gelegenheitspiraterie gehandelt zu haben. Zwar benötigte man für einen gezielten Überfall Informationen, etwa über ein unverteidigtes Kloster, doch da die Skandinavier bis weit ins 10. Jahrhundert hinein für Handelsfahrten dieselben Schiffe benutzten wie für Kriegszüge und diese zum Schutz der Waren stark bemannt und gut bewaffnet wurden, hätte jeder ortskundige Händler einen solchen Überfall unternehmen können. Die langen Kommunikationswege des frühen Mittelalters machten die Verfolgung derart mobiler Räuber schwierig, dieselben Schiffe konnten in einer Grafschaft ein Kloster überfallen und in der nächsten als friedliche Kauffahrer in Erscheinung treten.

Auch wenn Gelegenheitspiraterie für die gesamte Wikingerzeit anzunehmen ist, war daneben bald eine neue Ebene erreicht. Die Überfälle, bei denen neben Edelmetallen auch Sklaven erbeutet und Lösegelder erpresst wurden, erwiesen sich offensichtlich als derart lukrativ, dass regelrechte Piratenexpeditionen unternommen wurden, die im Altnordischen *víking* hießen. Um auch größere Ziele angreifen und Widerstand brechen zu können, wurden die Zahlen an Männern und Schiffen bald deutlich größer. Es ist unklar, ob einige Händler sich professionalisierten und damit zu *warlords* entwickelten, oder ob sie von bereits bestehenden Gefolgschaften verdrängt wurden – vermutlich geschah beides.

Professionalisierung der Überfälle

> **»Sie fuhren mannhaft fernhin nach Gold, und im Osten gaben sie dem Adler Futter[1], starben südwärts im Sarazenenland.«** Runenstein von Gripsholm (Södermanland, Schweden), aus der 1. Hälfte des 11. Jahrhunderts.
> [1] »dem Adler Futter geben« = Männer im Kampf töten

Bald operierten ganze Flotten. Die Kampagnen beschränkten sich nicht mehr nur auf wenige Wochen oder Monate, sondern konnten mehrere Jahre dauern. Die derart gewachsenen Verbände konnten nicht auf die kaufmännische Infrastruktur der Emporien zurückgreifen. Einerseits konnten diese die Versorgung derart vieler Menschen

Winterlager und mehrjährige Raubfahrten

meist nicht leisten, andererseits waren sie gefährlich, da Befestigungen meist fehlten und die Orte
häufig unter der Kontrolle örtlicher Machthaber
standen. Skandinavische Plünderer legten daher
seit dem früheren 9. Jahrhundert befestigte Stütz-
punkte an, wo sie Vorräte horteten und überwin-
tern konnten. Solche nur saisonal bewohnten
Lager existierten zeitweise an allen Atlantikküs-
ten von Friesland bis Spanien, an englischen und
französischen Flüssen und sogar im Mittelmeer
auf der Insel Camargue im Rhône-Delta.

Entwicklung zu
Eroberungszügen Die Plünderfahrten konnten sich zu regelrechten
Feldzügen auswachsen, an denen angeblich hun-
derte von Schiffen und zehntausende von Kriegern beteiligt waren. Auch befestigte Städte waren
nicht mehr sicher, Paris etwa wurde 845 erstmals
angegriffen und 885/86 etwa zwölf Monate lang
belagert, Konstantinopel 860 beinahe erobert. Ein
»großes Herr von Heiden« (*micil here hæðene*)
zerschlug in den 860er und 870er Jahren gar drei
der vier angelsächsischen Königreiche in England
(Northumbrien, Mercien, Ostanglien), einzig Wessex konnte sich halten. Neben das Plündern und
Erpressen von Tributen und Lösegeldern trat ein
weiterer Faktor: die Landnahme (vgl. auch S. 37 ff.).
Nachdem sich England im späten 9. und 10. Jahrhundert wieder stabilisiert hatte, gelang dem Dänenkönig Swēn »Gabelbart« († 1014) nach mehreren erfolglosen Versuchen 1013 die Eroberung des
Landes; bis 1042 herrschten hier Dänenkönige.

Wikinger als
Söldner Rasch wurden die skandinavischen Kriegerverbände auch in bereits bestehende Konflikte hinein-

gezogen und als Söldner von einheimischen Herrschern eingesetzt – eine weitere lukrative Einnahmequelle für die Gefolgschaftsherren. Während solche militärischen Dienstleistungen in Lateineuropa nur zeitweilig bestanden, da die Skandinavier meist eigene Interessen vor Ort hatten, dienten nordische Kriegsherren im byzantinischen Osten, wo sie in einen großen Militärapparat eingebunden waren und an eigenmächtige Unternehmungen kaum zu denken war, regelmäßig und auch über längere Zeiträume. Die ersten skandinavischen Söldner, von denen wir im Dienst des *basileis* wissen, war ein Verband von 700 Kriegern, der im Jahre 902 an einem Feldzug gegen das muslimische Kreta teilnahm, was dem Anführer die stolze Summe von 100 Pfund Gold – 7 200 byzantinische Goldmünzen (*nomismata*) – einbrachte.

Die Wikingerüberfälle waren ein Phänomen, das den lateinischen Westen ebenso betraf wie den slawischen Osten, die muslimischen Herrschaften auf der iberischen Halbinsel und in Transkaukasien wie ihre Feinde, die Byzantiner. Freilich unterschieden sich Intensität und Dauer der Überfälle erheblich. Interessanterweise schlugen die Skandinavier stets dort am härtesten zu, wo mit dem geringsten Widerstand zu rechnen war, wo sich keine starke Zentralmacht etabliert hatte oder diese zerfiel, wie im Frankenreich, das seit den 830er Jahren von Bürgerkriegen und Erbteilungen erschüttert wurde. Bemerkenswert ist die Mobilität auch größerer skandinavischer Verbände, die rasch ihr Aktionsgebiet wechselten, wenn ihnen der Boden zu heiß unter den Füßen wurde.

Ausdehnung der Wikingerfahrten

Organisiert waren diese Verbände in kleineren Gefolgschaften (von wohl selten mehr als einigen hundert Kriegern), die sich temporär zusammenschlossen; dies zeigen sowohl die zeitgenössischen Berichte der Angegriffenen als auch die skandinavischen Quellen. Die Wahl der Anführer scheint konsensual unter den Gefolgschaftsherren geregelt worden zu sein, bei ausbleibendem Erfolg oder internen Querelen kam es nicht selten zu Wechseln an der Spitze. Generell behielten die einzelnen *warlords* aber die autonome Kontrolle über ihre Krieger, weswegen größere Verbände ständig fluktuierten: Gefolgschaften wandten sich anderen Zielen zu, neue schlossen sich an.

Das militärische Vorgehen der skandinavischen Angreifer war auf Beweglichkeit ausgelegt, die einerseits ihre Schiffe garantierten, die sie aber auch zu Lande durch die Beschaffung von Pferden zu erreichen versuchten (gekämpft wurde freilich zu Fuß). Oft schlugen sie überraschend zu und waren verschwunden, ehe Gegenmaßnahmen koordiniert werden konnten. Offenen Schlachten gingen sie aus dem Wege, sofern sie nicht in der Übermacht waren, denn einem entschieden geführten Heer professioneller Krieger – etwa aus fränkischen Panzerreitern oder byzantinischen Berufssoldaten – hatten die lose organisierten und oft schlecht trainierten und ausgerüsteten Nordleute nur ihre Masse entgegenzusetzen.

Gegen die Beweglichkeit der skandinavischen Angreifer waren die meisten Herrscher Westeuropas chancenlos. Da sie bis auf ihre persönlichen Gefolgschaften, die eher größere Leibwachen als militärische Verbände darstellten, nicht über stehende Truppen verfügten, musste ein Heer aufgeboten werden, was Wochen, wenn nicht Monate dauerte. Diese mangelnde Flexibilität ermöglichte die militärischen Erfolge sowohl der Wikinger als auch der verschiedenen Steppenvölker (Awaren, Magyaren). Auch diplomatische Gegenmaßnahmen erwiesen sich oft als wenig erfolgreich, da die von Königen beherrschten Völker die dynamischen Hierarchien skandinavischer Verbände und die im Norden herrschende konsensuale Rechtsordnung (ein Vertrag ist nur so lange gültig, wie beide Parteien zustimmen) nur unvollkommen durchschauten.

Militärisch erfolgreicher waren straff organisierte Herrschaften mit einem stehenden Heer. Das byzantinische Reich etwa reagierte auf den Überfall von 818/19 sehr effektiv: Die Befestigungen an der kleinasiatischen Schwarzmeerküste wurden verstärkt und Militärbezirke (*thēmata*) so umstrukturiert, dass den Kommandeuren vor Ort ausreichend starke Seestreitkräfte zur Verfügung standen. Bis auf groß angelegte Feldzüge der Rus' hatte das byzantinische Reich in der Folge kein nennenswertes Wikingerproblem. In Westeuropa erwies sich vor allem die Befestigung lohnender Ziele wie Städte oder Klöster als erfolgreich, ebenso die Abgabe militärischer Verantwortung an lokale Kräfte, die nun selbständiger agieren konnten. Am folgenreichsten aber war die Christianisierung und kulturelle Veränderung Skandinaviens.

Erfolgreiche Gegenmaßnahmen

Das plötzliche Auftauchen der Wikinger ver-
setzte die Menschen in Erklärungsnot. Uns rea-
listisch erscheinende Erklärungen wie die Gier
der Nordleute aufgrund ihrer Armut waren eher
die Ausnahme, vielmehr wurden die Überfälle in
das religiös geprägte Weltbild der Zeit eingepasst. Jeweils unter Rückgriff auf die Bibel ging
man entweder von einem heidnischen Hass auf
die Christen aus und interpretierte ihre Angriffe
als Zeichen des drohenden Weltendes, oder man
suchte die Ursache in der eigenen Sündhaftig-
keit, zu deren Bestrafung Gott die skandinavischen Plünderer wie die biblischen Plagen los-
ließ. Die Gegenmaßnahmen waren klar: Es galt
zu beten, seine Sünden zu bereuen und sich zu
bessern.

>>Indem du sie in all deiner Gnade be-
wahrst, schütze unsere Leben. Vom wilden
normannischen Heidenvolk befreie uns,
Gott, das unsere Reiche verwüstet. Es
mordet die Schar der Greise und Jünglinge,
der Jungfrauen und Knaben. Halte, wir bit-
ten dich, alle Übel fern von uns. Bekehre,
so flehen wir, Herr, uns Schutzsuchende zu
dir, Herr der Herrlichkeit, der du der wahre
Frieden bist, das Heil und die feste Hoff-
nung. Gib uns Frieden und Einigkeit.<<
Bittgesang aus dem Antiphonar des
karolingischen Kaisers Karl >>des Kahlen<<
(† 877), einem Buch mit Gebeten zum
Gebrauch im Gottesdienst, um 877.

Welche neuen Siedlungsräume haben die Wikinger erschlossen?

Herrschaftsgründungen und Entdeckungsfahrten

Die Landnahme scheint ein wichtiges Motiv für die skandinavischen Kriegsfahrten des 9. bis 11. Jahrhunderts gewesen zu sein, neben dem materiellen Gewinn aus Plünderungen, Tributen oder Lösegeldern und dem aus diesem Reichtum und den militärischen Erfolgen erwachsenden Prestige. Landbesitz war zentral in den frühmittelalterlichen Gesellschaften des Nordens: Er sicherte die Versorgung von Verwandten und Gesinde, ermöglichte Heirat und Familiengründung, garantierte eine hohe soziale wie rechtliche Stellung und damit auch Teilhabe an politischen Entscheidungen. Nicht wenige Skandinavier investierten die in der Fremde erworbenen Reichtümer in Landbesitz.

Bedeutung des Landbesitzes in der Wikingerzeit

> »Þōrstæinn machte den Stein nach Ærinmundr, seinem Sohn, und kaufte diesen Hof und erwarb Reichtum auswärts in *Garðar* [wörtl. »den Städten« = Russland].« Runenstein von Veda (Uppland, Schweden), spätes 11. Jahrhundert.

Land in der Fremde war nicht nur für jene attraktiv, die keines in der Heimat besaßen oder erbten: Man konnte in der Fremde mehr Land besitzen als zu Hause, wo schon alles verteilt war, oder besseres Land, das höhere Erträge einbrachte – in England, Irland oder Frankreich waren die Ernten üppiger als auf den kargen Äckern des Nordens mit ihren kurzen Sommern. Dies bedeutete mehr Reichtum

Motive für die Landnahme in der Fremde

und Prestige, oft auch größeren politischen Einfluss. Andere Gründe, wie etwa Ausweichbewegungen vor dem politischen Druck der sich formierenden Königsherrschaften oder Überbevölkerung, dürften eine weniger große Rolle gespielt haben.

Expansion im Nordatlantik

Das Verlangen nach Land trieb die Skandinavier nicht nur auf ihre Kriegszüge, sondern zeitigte auch andere Folgen. Eine von ihnen ist die Expansion im Nordatlantik. Vom früheren 9. Jahrhundert an entdeckten vor allem norwegische Seefahrer zahlreiche Inseln, die (oftmals) unbewohnt waren: die Färöer, Island, Grönland, bis schließlich um 1000 die Ostküste Nordamerikas erreicht wurde. Diese Entdeckungen kamen nicht auf geplanten Erkundungsreisen zustande, sondern geschahen meist zufällig, wenn ein Schiff *hafvilla,* »see-irr« wurde und doch den Weg in bekannte Gewässer zurückfand.

Verlauf der Entdeckungen

Die Berichte von dem gesichteten Land schienen offenbar verlockend genug, um gefährliche (und kostspielige) Expeditionen ins Unbekannte zu unternehmen und auszuwandern. Noch vor 825 wurden die Färöer, seit den 870er Jahren Island, in der zweiten Hälfte des 10. Jahrhunderts der Süden Grönlands besiedelt. Island war die erfolgreichste dieser Neugründungen, bereits um 930 war das Land zwischen etwa 400 Siedlerfamilien aufgeteilt, die im »Landnahmebuch« (*Landnámabók*) des 13. Jahrhunderts verzeichnet wurden, und die erste landesweite Versammlung der landbesitzenden Bauern (*alþingi*) kam zustande. Vor allem im Hochmittelalter entstand auf Island eine eigene kulturelle Identität, die letztlich bis heute überdauert hat.

Als eine der spektakulärsten Taten der Skandinavier gilt heute der Vorstoß an die Küsten Nordamerikas, offenbar um die Jahrtausendwende von Grönland aus. Ein ernsthafter Besiedlungsversuch wurde nicht unternommen – dazu waren die Grönländer zu wenige, die Ureinwohner wohl zu zahlreich und zu aggressiv –, aber um zu jagen und das in Island wie Grönland nicht vorhandene, aber für den Schiffs- und Hausbau dringend benötigte Langholz zu schlagen, fuhr man immer wieder nach Westen. Von einer Entdeckung lässt sich trotzdem kaum sprechen, da eine systematische Erkundung oder Kolonisierung nicht stattfand. Neben den um 1200 aufgezeichneten Erzählungen (*Sagas*) der Grönländer berichtet nur eine einzige mittelalterliche Quelle, der Chronist Adam von Bremen um 1070, vom sagenhaften »Weinland« (*Vínland*); in den mittelalterlichen Wissenskanon ging dieses esoterische Wissen nicht ein. Noch bis 1960, als im neufundländischen L'Anse-aux-Meadows ein skandinavisches Winterlager entdeckt wurde, betrachtete man die Grönländersagas und Adams Notiz mit Skepsis.

Entdecker Amerikas?

Wo es bereits Einwohner gab, lief die Landnahme oftmals gewalttätig ab. Im Frankenreich und in Friesland, in Irland und England rissen skandinavische Invasoren Land an sich, vor allem aber auf den Orkneys, Shetlands, den Hebriden und an der Küste Schottlands, wo die meist keltische Bevölkerung fast völlig vertrieben oder assimiliert

Eroberung besiedelter Gebiete

wurde. Auch wo eine skandinavische Oberherrschaft nur von kurzer Dauer war – etwa in Ostengland, wo sich mit dem Danelaw sogar ein eigener Begriff für die von Nordleuten besiedelten Gebiete herausbildete –, blieben zahlreiche skandinavischstämmige Siedler im Land.

**Herrschafts-
gründungen in
der Fremde**

Neben der individuellen Landnahme sind Versuche von Herrschaftsgründungen zu beobachten. Meist brachten skandinavische Gefolgschaftsherren einen oder mehrere Zentralorte in ihre Gewalt, meist einen Handelsknotenpunkt wie das nordostenglische York, das bis 954 das Zentrum eines angloskandinavischen Reiches bildete. Von diesen aus kontrollierten sie das Land, verschafften sich Einkünfte aus Zolleinnahmen und sicherten sich den Zugang zu Nahrungsmitteln und Handwerksprodukten. Wo es keine derartigen Orte gab, wurden sie gegründet, etwa Dublin an der ostirischen Küste. Die langlebigste dieser Herrschaftsgründungen findet sich allerdings im Osten, wo die aus skandinavischen, finnischen, baltischen und slawischen Mitgliedern bestehenden, multiethnischen Gefolgschaften skandinavischer Fürsten die Städte (vor allem Alt-Ladoga und Kiew) beherrschten; als die Kriegereliten langsam mit der slawischen Bevölkerung verschmolzen, entstanden die altrussischen Großfürstentümer.

**Wikinger als
Vasallen der
Karolinger**

Derartige Herrschaftsbildungen geschahen nicht immer durch Eroberung. Bereits seit den 820er Jahren versuchten die Frankenkönige, skandinavische Kriegsherren durch die Verleihung von Lehen in ihre Herrschaft einzubinden. Dies gelang nur teilweise, denn offenbar hatten die neuen nordischen Vasallen und ihre fränkischen Oberherren unterschiedliche Vorstellungen von der Art ihres Verhältnisses. Während Letztere Heeresfolge, Abgaben und den Schutz gegen äußere Feinde (vor allem andere Skandinavier) erwarteten, nutzten Erstere ihre Lehen als Machtbasis, die ihnen sichere Einkünfte garantierte und als Ausgangspunkt für Plünderzüge oder Expansion dienen konnte, und die sie je nach politischer Lage wieder verließen, wenn ihnen andere Regionen attraktiver schienen.

Während die normannisch-fränkischen Lehensverhältnisse des 9. Jahrhunderts meist nur von kurzer Dauer waren, entstand im frühen 10. Jahrhundert aus der gleichen Ausgangssituation eine langlebige Herrschaft, die zu einer der mächtigsten im ganzen mittelalterlichen Europa werden sollte. Spätere Chroniken berichten, dass der westfränkische König Karl III. »der Einfältige« 911 einen Vertrag mit einem Wikingerfürsten namens Rollo (altnordisch: Rōlfʀ, die Kurzform von Rōðulfʀ) schloss, der getauft wurde und gegen die Gewährung der Herrschaft an der Küste um Rouen dieselbe vor Wikingereinfällen zu schützen versprach. Rōlfʀ und seine Nachfolger erweiterten ihr Herrschaftsgebiet sukzessive durch weitere Lehensnahmen und Kämpfe gegen konkurrierende fränkische Vasallen, so dass bereits Rōlfʀs Enkel Richard »Ohnefurcht« (ca. 935–996) sich nicht nur *comes Rotomagensis* (»Graf von Rouen«), sondern auch *dux Normannorum* (»Herzog der Normannen«) nennen konnte. Die als Normannen

Entstehung der Normandie

(»Nordleute«) bezeichneten Skandinavier gaben jener nordfranzösischen Landschaft auch ihren Namen, den sie bis heute trägt: Normandie.

> »Wir schenken und unterstellen jene Abtei, deren Hauptsitz im Mérezais ist, beim Flusse Eure, dem Heiligen Germanus und seinen Mönchen für ihren Unterhalt dauerhaft, außer jenem Teil der Abtei, den wir den Normannen des Seine-Gebietes zugestanden haben, und zwar Rollo und seinen Gefährten, zum Schutz des Königtums.«
> Urkunde des Westfrankenkönigs Karl III. »des Einfältigen« vom 14. März 918, in der er die Güter des offenbar aufgegebenen Klosters La Croix-Saint-Ouen an die Abtei Saint-Germain-des-Prés überträgt; hier sind erstmals Rōlfʀ und seine Normannen als fränkische Vasallen erwähnt.

Neues Land in Skandinavien Der Hunger nach neuem Land führte auch in den skandinavischen Heimatregionen zu neuen Dynamiken. Gerade in die Wikingerzeit fällt eine Phase der Siedlungsintensivierung, in der neue Gebiete erschlossen, gerodet und urbar gemacht wurden, in der man den Rohstoffreichtum bestimmter Landstriche entdeckte und sich auch an den Küsten der skandinavischen Halbinsel entlang auf die Suche nach unbesiedeltem Raum begab. Die klimatischen Bedingungen waren für all diese Unternehmungen günstig, vom 10. bis zum 13. Jahrhundert herrschte die sogenannte »Mittelalterliche Warmzeit«.

Wie gingen die Wikinger mit fremden Kulturen um?

Zwischen Selbstbehauptung und Anpassung

Das Thema der kulturellen Anpassung ist vor dem Hintergrund heute aktueller Integrations- und »Leitkultur«-Debatten stets heikel. Wohl aufgrund der im Eingangskapitel beschriebenen »Spiegelfunktion« der Wikingerzeit nimmt die Frage, ob und wie sich die überaus mobilen frühmittelalterlichen Skandinavier in fremde Kulturen zu integrieren verstanden, mittlerweile eine zentrale Stellung ein und ist Gegenstand intensiver Auseinandersetzungen. Derzeit überwiegt das Bild des kosmopolitischen, kulturell anpassungsfähigen Wikingers, wobei angesichts unseres Selbstbildes im Zeitalter der Globalisierung stets der Verdacht einer Projektion naheliegt.

Integration in der Wikingerzeit

Derartige Akkulturationsprozesse hängen von einem ganzen Bündel von Faktoren ab: dem Verlauf der Begegnung, dem (auch zahlenmäßigen) Verhältnis der kulturell unterschiedlichen Gruppen, der politischen wie sozialen Dominanz, der Stabilität oder Dynamik der jeweiligen Kulturen – worin sich orale und schriftlich geprägte Kulturen unterscheiden, da Schrift stabilisierend wirkt –, nicht zuletzt auch der Rolle kultureller Praktiken bei der Identitätsbildung. Da all diese Faktoren bei den Begegnungen der Skandinavier mit anderen Kulturen stark variierten, verlief jeder Akkulturationsprozess anders. Um nicht je-

Voraussetzungen und Probleme wikingerzeitlicher Akkulturation

den einzeln anzusprechen, sollen drei besonders aussagekräftige Beispiele diskutiert werden: die Skandinavier im Byzantinischen Reich, in der Normandie und auf der Isle of Man.

Obwohl viele Skandinavier – vor allem aus dem heutigen Schweden – seit dem 9. Jahrhundert ins Byzantinische Reich reisten, um Handel zu treiben oder für die *basileis* als Söldner zu kämpfen, gibt es nur vereinzelte Hinweise auf ihr Bleiben im griechischen Osten. Das prominenteste Beispiel ist Eudokia, die Mätresse des byzantinischen Kaisers Michaēl III. (840–867) und Gemahlin seines (armenischstämmigen) Nachfolgers Basileios I. »des Makedonen« (ca. 830–886), mit dem Beinamen »Ingerina«. Dieser deutet auf ihren Vater, der den skandinavischen Namen Inger trug; er war offensichtlich gut integriert, hatte eine respektable Stellung innerhalb der konstantinopolitanischen Oberschicht inne – er wird als »Senator« bezeichnet – und war mit einer Frau aus dem bedeutenden Geschlecht der Martiniakoi verheiratet.

Portrait der Kaiserin Eudokia »Ingerina« (rechts) mit ihrem Sohn Kōnstantinos auf einer Goldmünze (*nomisma*), ca. 868/882.

Dass in den byzantinischen Quellen kaum einmal ein Skandinavier auftaucht, der dauerhaft im griechischen Osten lebte, liegt an dem Brauch, Heiden bei ihrer Taufe einen neuen christlichen (griechischen) Namen zu geben. Jene Skandinavier, die

DIE REISEN DER WIKINGER

blieben, scheinen sich zudem so rasch und gründlich akkulturiert zu haben wie besagter Inger, was wohl ihrer im Verhältnis geringen Anzahl, ihrem kaum vorhandenen politischen Gewicht, den jahrhundertelangen Erfahrungen der Byzantiner mit derartigen Integrationsprozessen und auch der starken kulturellen Identität der byzantinischen *Romaioi* geschuldet sein dürfte, die ungebrochen auf das Römische Reich zurückging.

Eine derartige vollständige Assimilation war freilich die Ausnahme. Zumeist bildeten sich Mischkulturen heraus, deren berühmteste die der nordfranzösischen Normannen sein dürfte. Auf den ersten Blick scheinen sich die skandinavischen Einwanderer unter ihrem Anführer Rōlfʀ rasch an die fränkische Mehrheit angepasst zu haben, obwohl sie ihr Siedlungsgebiet politisch klar dominierten. Rōlfʀ war zweimal mit fränkischen Adligen verheiratet, sein Sohn und Nachfolger Wilhelm »Langschwert« trug einen französischen Namen, ebenso dessen Sohn Richard »Ohnefurcht« und alle weiteren Normannenherzöge. Bereits Wilhelm fürchtete nach dem Zeugnis des normannischen Geschichtsschreibers Dudo von St. Quentin, dass sein 932 geborener Sohn Richard in Rouen, dem Zentralort der Normannenherrschaft, nicht mehr die altnordische Sprache lernen würde – offenbar wurde am Hof nur französisch gesprochen.

Adaption westfränkischer Kultur in der Normandie

> „Da aber die Stadt Rouen die romanische
> (= französische) eher als die dänische
> (= altnordische) Rede gebrauchte, und
> Bayeux die dänische Sprache häufiger als

> die romanische, will ich, dass er so schnell
> wie möglich ins Bessin gebracht und dort
> mit größter Sorgfalt aufgezogen und unter-
> richtet wird ... und sich dänischer Bered-
> samkeit erfreue und sie mit hartnäckigem
> Gedächtnis erlerne, auf dass er einmal in
> der Lage sein mag, fließend wider die
> Dänen zu reden."
> Der Normannenfürst Wilhelm „Lang-
> schwert" († 942) über die Erziehung seines
> Sohnes Richard „Ohnefurcht" (*932); aus
> der Normannengeschichte des Dudo von
> St. Quentin (um 1015/30).

Akkulturations-
fähigkeit und
Selbstbild der
Normannen

Allerdings wurde die adaptierte westfränkische Kultur bei der Aufnahme durch die Normannen verändert, oft in innovativer Weise. Gerade im administrativen Bereich erwies sich diese frankoskandinavische Mischkultur als so leistungsfähig, dass das angelsächsische England durch die normannische Invasion 1066 einen regelrechten Modernisierungsschub erhielt. Ihre besondere Akkulturationsfähigkeit wurde für die Normannen Teil ihrer stolz *normannitas* genannten ethnischen Identität, die sie nach Italien, England und Palästina exportierten.

Kelten und
Skandinavier

Während die frankoskandinavische Mischkultur der Normandie stark französisch geprägt war – bedingt durch die relativ geringe Zahl der skandinavischen Einwanderer und den beständigen Austausch mit den benachbarten westfränkischen Herrschaften –, war in anderen von den Nordleuten beherrschten Regionen das Gegenteil der Fall. Gerade auf den von keltischen Gruppen besiedelten Inseln um Schottland und in der Irischen See dominierten die skandinavischen Eroberer nicht nur politisch, sondern auch kulturell, wobei aber auch hier Elemente skandinavischer und einheimischer Kultur miteinander verschmolzen.

Als Beispiel mag die Isle of Man dienen, auf der wohl seit der Mitte des 9. Jahrhunderts skandinavische Siedler politisch das Sagen hatten. Die anfangs noch heidnischen Nordleute wurden bereits im frühen 10. Jahrhundert christianisiert und vermischten sich mit den keltischen Einwohnern. Dies zeigen Siedlungsfunde mit gleichzeitig existierenden Gebäuden in skandinavischer (Langhäuser) wie einheimischer Bauart (Rundhäuser), die Entstehung eines altnordischen Kreoldialekts mit keltischen Einflüssen, die abwechselnde Vergabe von keltischen und nordischen Namen in Oberschichtenfamilien, keltische Beinamen skandinavischer Herrscher. Die beeindruckendsten uns erhaltenen Produkte dieser Mischkultur sind jedoch die Runenkreuze, bei denen der einheimische Brauch, zum Andenken an die Verstorbenen ein Steinkreuz zu errichten, mit der skandinavischen Sitte kombiniert wurde, Memorialinschriften in Runen zu ritzen; verziert wurden diese Denkmäler mit Steinmetzarbeiten in einem keltisch-skandinavischen Mischstil. Die Isle of Man blieb bis ins 13. Jahrhundert nordisch geprägt. Als der schottische König Alexander III. sie 1266 eroberte, soll die Bevölkerung angeblich nur Altnordisch gesprochen haben und das heu-

Verschmelzung der Kulturen auf der Isle of Man

tige Manx auf das von ihm eingeführte schottische Gälisch zurückgehen.

»Maellomchon errichtete dieses Kreuz nach
Maelmuire, seiner Ziehmutter, der Tochter
Dubgaills, der Frau, die Aðísl hatte. Besser
ist es, einen guten Ziehsohn denn einen
schlechten Sohn zu hinterlassen.«
Memorialinschrift auf dem Runenkreuz 3
von Kirk Michael (Isle of Man), um 1000.
Sie zeigt die Verschmelzung der keltischen
und skandinavischen Oberschichten: Ein
Mann mit keltischem Namen errichtet ein
Steinkreuz mit altnordischer Runenin-
schrift für seine Ziehmutter aus keltischer
Familie, die wiederum einen Ehemann mit
skandinavischem Namen hatte.

Gescheiterte Anpassung auf Grönland

Wo das Land groß und die Anzahl der Menschen
gering war, konnte es auch ein Nebeneinander
ohne intensivere Austauschprozesse geben. Dies
war auf Grönland der Fall, wo die isländischen
Siedler zwar auf die Inuit trafen, man sich aber
größtenteils aus dem Weg ging. Für die skandinavischen Bewohner der Insel sollte sich dies
letztlich als verheerend erweisen. Als im 13. und
vor allem 14. Jahrhundert das Klima abkühlte
und es nicht länger möglich war, den aus der
skandinavischen Heimat importierten bäuerli-
chen Lebensstil aufrecht zu erhalten, waren sie
nicht imstande, sich den neuen Lebensbedingun-
gen wie die Inuit anzupassen; die Kolonie starb
aus.

Von Gefolgschaftsherren zu Königen

Hatten die Wikinger eine einheitliche Kultur?

Regionale Identitäten im wikingerzeitlichen Skandinavien

Die ethnische Komponente des modernen Wikingerbegriffs führt regelmäßig zu der Annahme, dass »die Wikinger« wenn nicht ein Volk, so doch eine homogene Kultur oder Zivilisation dargestellt hätten. Diese Betrachtungsweise hat eine lange Tradition, die bis ins frühe Mittelalter zurückführt. Der Großteil der zeitgenössischen Texte konstatiert zumindest implizit mit der Benennung aller Skandinavier als *Dani* (»Dänen«) oder *Nor(d)-manni* (»Nordleute«) eine kulturelle Einheit – was wiederum auf das Barbarenbild der römischen Antike zurückgeht, an deren Texten die mittelalterlichen Autoren zu schreiben und zu denken lernten. Tatsächlich war das Gegenteil der Fall.

Die Wikinger – eine homogene Kultur?

Skandinavien weist eine enorme Spannbreite an Naturräumen und Umweltbedingungen auf. Im frühen Mittelalter war das Leben der Menschen in hohem Maß von diesen naturräumlichen Gege-

Vielfalt von Naturraum und Lebensformen

benheiten abhängig, und die Anpassung an sie resultierte in sehr unterschiedlichen Lebensweisen. In Süddänemark oder dem mittelschwedischen Mälarseegebiet etwa betrieb man Ackerbau, während anderswo Weidewirtschaft oder gar – in Teilen Norwegens – halbnomadische Lebensformen mit Rentierherden vorherrschten. Zudem war Skandinavien nur sehr dünn und ungleichmäßig in mehr oder weniger großen »Siedlungsinseln« bewohnt, die teilweise weit auseinanderlagen und nicht regelmäßig miteinander in Kontakt standen. Anpassung an die Umwelt und geringe Kommunikationsintensität führten, schon lange vor der Wikingerzeit, zur Herausbildung skandinavischer Regionalkulturen.

Regionale Prägung der kulturellen Identität

Die regionale Prägung scheint für die Identität der Menschen entscheidend gewesen zu sein. Man definierte sich über verwandtschaftliche Bindungen, über den heimatlichen Hof oder das Dorf (je nach Siedlungsform), den konkreten Lebensraum (so nannten sich die Einwohner der fünischen Halbinsel Helnæs einfach *NØRIR* – »Inselbewohner«), über die Zugehörigkeit zu Kult- oder Rechtsgemeinschaften (*þingi*, der Thingversammlung), was zumindest teilweise zusammengehört haben dürfte. Diese Gemeinschaften waren das soziale und kulturelle Umfeld, in dem sich das Leben der meisten frühmittelalterlichen Skandinavier abspielte.

Dynamik skandinavischer Gruppen

Seit der Antike erscheinen in Beschreibungen Skandinaviens die Namen unzähliger Gruppen, von denen sich aber nie genau sagen lässt, ob es

sich um Stämme, Herrscherfamilien, Kriegerverbände oder sonstige Koalitionen aus kleineren
Gruppen handelte. Von den antiken und mittelalterlichen Autoren wurden sie unterschiedslos als
gentes gedeutet, als Stämme oder Völker. Schon
durch die Namen lässt sich die große Dynamik des
Macht- und Identitätsgefüges im Norden erkennen: Manche werden nur ein einziges Mal erwähnt, was auf den Untergang oder zumindest
einen Bedeutungsverlust der entsprechenden
Gruppe hinweist, andere – wie die *Svēar* – tau-
chen durch die Jahrhunderte immer wieder auf,
was eine gewisse Stabilität möglich erscheinen
lässt. Oft gaben solche Gruppen einer Landschaft
ihren Namen, der sich bis heute erhalten hat.

Die kulturellen Unterschiede zwischen den einzelnen skandinavischen Gesellschaften konnten nahezu jeden Lebensbereich betreffen. Siedlungsform, Wirtschaftsweise, Tracht, Kampftechniken,
militärische Organisation, Rechtsordnung, Herr-
schafts- und Sozialstruktur, ja sogar die verehrten
Götter, mythologische Vorstellungen und kultische Praktiken sowie Grabbräuche wichen vonei-
nander ab. Freilich waren jene Regionalkulturen
– wie alle Gesellschaften, in denen Traditionen
mündlich überliefert werden – in höchstem Maße
dynamisch, fortwährend verändert von inneren
Entwicklungen wie äußeren Einflüssen.

Unterschiedliche Regionalkulturen

Nichtsdestotrotz gab es Orte von überregionaler
Bedeutung, an denen sich Menschen aus verschiedenen Gegenden trafen. Neben den Handelsplätzen waren dies vor allem Kultzentren wie

Überregionale Kultzentren

Alt-Uppsala im mittelschwedischen Mälarseege-biet, einer der am dichtesten besiedelten Gegen-den im wikingerzeitlichen Skandinavien, wo noch im späten 11. Jahrhundert alle neun Jahre große Opferfeste abgehalten wurden, deren Teil-nehmer aus vielen Regionen des heutigen Schwe-den anreisten. Die gemeinsam zelebrierten Kult-handlungen und die mit ihnen verknüpften religiösen Vorstellungen schufen Verbindungen zwischen den einzelnen Gruppen und damit die Basis für überregionale Identitäten.

Viele der Siedlungsgebiete lagen an der Küste oder an anderen Wasserwegen, und das Boot war seit der Steinzeit das bevorzugte Verkehrs- und Kommunikationsmittel im Norden. Mit der Ein-führung des Segels und der Ausbreitung der Fern-handelsnetzwerke auch in den skandinavischen Raum intensivierte sich die Reisetätigkeit, und mit ihr der Kontakt nicht nur mit Lateineuropa sowie dem slawischen, griechischen und muslimi-schen Osten, sondern auch zwischen den skandi-navischen Regionalkulturen. Der kulturelle Aus-tausch in den Emporien und auf Reisen wurde von den Skandinaviern offenbar als bereichernd, ja regelrecht bildend empfunden – als *heimskr*, was wörtlich »heimisch« meint, bezeichnete man seit dem 10. Jahrhundert weniger intelligente Menschen. Dumm war, wer zuhause blieb.

Überregionale Elitenkultur Schon lange hatten die skandinavischen Fürsten-höfe mit ihrem Bedarf an Luxusgütern und ihren multiethnisch zusammengesetzten Kriegertrup-pen einen weiten Horizont gehabt. Seit dem 9.

Jahrhundert aber, bedingt durch die Mobilität der Flotten und die Chancen auf hohe Gewinne, vergrößerten sich gleichermaßen Aktionsradius wie Stärke der Gefolgschaften, die nun europaweit agierten. Gerade große Verbände, die aus zahlreichen Gefolgschaften bestanden, fluktuierten stetig: Krieger und ganze Gruppen kamen und gingen, Gefolgschaften lösten sich auf oder bildeten sich neu. Dieser ständige Wandel sorgte für intensiven Austausch zwischen den Trägern einzelner Regionalkulturen, die im Umfeld der Gefolgschaften zu einer eigenen, überregionalen Elitenkultur verschmolzen (s.u., S. 53–58).

Freilich blieben die wenigsten Krieger ihr Leben lang in einer Gefolgschaft, die meisten kehrten nach einigen Jahren wieder in ihre Heimat zurück, an Schätzen, Ruhm oder wenigstens Erfahrungen reicher. Die männlichen Mitglieder der Oberschichten bewegten sich also häufig zwischen verschiedenen kulturellen Milieus, zwischen den lokal geprägten Gemeinschaften ihrer Heimat und der kosmopolitischen Gesellschaft der Händler und Krieger; sie brachten Impulse aus beiden in beide Kulturen mit und lösten so ein dynamisches Wechselspiel zwischen diesen beiden Welten aus. Diese wurden durchaus unterschieden, die Heimat als »im Land« bezeichnet, alles andere als »auswärts« (*úti*), was sowohl das Meer als auch die Fremde meinen konnte. Noch im hohen Mittelalter, nach dem Ende der Wikingerzeit, sprach ein Isländer, der nach Norwegen reiste, von wo seine Vorfahren vor Jahrhunderten ausgewandert waren, davon, er fahre

Oberschichten als Mittler zwischen den Kulturen

»ins Land«, und wenn er nach Island zurück-
kehrte, fuhr er »hinaus«.

> »Der edle Mann Gulli bekam fünf Söhne. Es
> fiel am Fyris[1] der furchtlose Krieger Āsmundr,
> es endete Assur ostwärts bei den Griechen,
> es wurde auf Bornholm Halfdan erschlagen,
> Kāri wurde es bei Dundee, und tot ist Bōi.«
> Gedenkvers auf dem Runenstein von Högby
> (Östergötland, Südschweden), um 1000, der
> den weiten Aktionsradius wikingerzeitlicher
> Krieger zeigt.
> [1] »Fyris« = Fluss in der mittelschwedischen
> Landschaft Uppland, an dem bei Uppsala
> im späten 10. Jahrhundert eine berühmte
> Schlacht geschlagen wurde

Ansätze zur
skandinavischen
Identität

Es erscheint durchaus denkbar, dass die gemeinsame Elitenkultur, an der lokale wie überregionale Oberschichten partizipierten, zumindest die
Anfänge einer über die Thinggemeinschaften
und Siedlungsgebiete hinausreichenden Identität
begründete. Um 1000, als die Skandinavier schon
einige Zeit mit multiethnischen Herrschaftsgebil-
den wie den karolingischen und byzantinischen
Reichen sowie der Vorstellung einer weltumspan-
nenden christlichen Kirche konfrontiert waren,
lassen sich die ersten Spuren eines skandinavischen Zusammengehörigkeitsgefühls entdecken.
Es äußerte sich im Bewusstsein einer gemeinsamen Sprache, der »dänischen Zunge« (*dǫnsk
tunga*), und einer gemeinsamen geographischen
Positionierung, den »Nordlanden« (*norðrlǫnd*).

Wie waren die Machtverhältnisse?

Oberschichten und Gefolgschaften – eine Elitenkultur

»Welchen Namen hat euer Herr?« – »Keinen, weil wir alle von gleicher Macht sind!« Dieser Dialog zwischen dem fränkischen Markgrafen Ragenold († 885) und einigen Wikingern findet sich bei dem normannischen Chronisten Dudo von St. Quentin (1015/30); er reflektiert weniger die Sozialstruktur skandinavischer Gefolgschaften im 9. als das Selbstverständnis der französischen Normannen im 11. Jahrhundert. Dennoch dient das Zitat immer wieder als Kronzeuge für eine vermeintlich egalitäre Gesellschaftsordnung im wikingerzeitlichen Skandinavien.

Die Legende von der egalitären Gesellschaft

Runeninschriften, Skaldenstrophen und archäologische Befunde zeichnen ein anderes Bild. Die Gesellschaften der Wikingerzeit erscheinen mitnichten als egalitär, sondern als in höchstem Maße sozial aufgefächert. Sicher ist zudem, dass es Freie und Unfreie gab, wobei unklar ist, ob Letztere eher als Sklaven oder Leibeigene anzusehen sind. Das Begriffspaar »frei« und »unfrei« verschleiert aber, dass der soziale Status und damit die Möglichkeit rechtlicher und politischer Einflussnahme wesentlich vom Besitz abhing, sei er ererbt oder anderswie erworben.

Soziale Schichtung

Die Diskrepanz zwischen späteren Vorstellungen und wikingerzeitlicher Realität tritt besonders deutlich beim Thing zutage. Noch heute gilt er als

Machtstrukturen in der Thingversammlung

direkter Vorläufer demokratischer Willensbildung, nahezu alle Parlamente in den skandinavischen Ländern heißen *ting*. Dabei folgten wikingerzeitliche Thingversammlungen, auf denen vor allem Recht gesprochen wurde, nicht dem Prinzip einer abstrakten Gerechtigkeit, sondern strebten die Wahrung des gesellschaftlichen Friedens an. Dementsprechend bekam Recht, wer mehr Gefolgsleute auf eine Versammlung mitbrachte, mehr Macht oder Entschiedenheit demonstrierte und seine Interessen auch mit dem Schwert durchsetzen konnte. Wer nicht über derartige Machtmittel verfügte, musste entsprechende Verbündete suchen. Eine Gesellschaft von Gleichen sieht anders aus.

Bedeutung des Gefolges

Macht erwuchs aus der Größe und Qualität der (bewaffneten) Gefolgschaft, deren Unterhalt von den erwirtschafteten Überschüssen abhing, die entweder aus landwirtschaftlichen Erträgen, aus Beute und Tributen oder aus der Kontrolle des Handels kamen. Freilich ging es den Gefolgsleuten nicht um die Versorgung mit Lebensnotwendigem, sondern um die Möglichkeit, selbst Reichtum zu erwerben. Dafür hatte der Herr zu sorgen, indem er Handel oder Raub ermöglichte oder sie aus seinem eigenen Schatz beschenkte. Solche Herrschaft war fragil, sie hing von den Wechselfällen des Kriegsglücks, des Handels, der Ernte ab.

Zusammensetzung von Kriegergefolgschaften

Die Mitglieder derartiger Gefolgschaften stammten oft von Landbesitzern ab. Diese verfügten über Waffen, konnten ihre Söhne daran ausbilden, sie später angemessen ausrüsten und ihre Arbeitskraft entbehren. Allerdings waren die

Kriegerverbände nicht für die höchsten Schichten reserviert, sondern boten die Möglichkeit zum materiellen und damit sozialen Aufstieg. Wer das Gefolge nicht nach einiger Zeit verließ und landbesitzender Bauer wurde, konnte auch andere Aufgaben für seinen Herren übernehmen, etwa die Verwaltung von Gütern, oder aber Land von ihm bekommen – die Anfänge des Lehenswesens im frühmittelalterlichen Norden.

Die Gefolgschaften scheinen ein starkes Gemeinschaftsgefühl entwickelt zu haben. Die Mitglieder nannten einander »Brüder«, was auch den Herren einschloss, freilich ohne seine herausgehobene Position zu nivellieren. Solange er sich angemessen verhielt, war das Ideal die Treue bis in den Tod. Nichtsdestotrotz handelte es sich um eine auf den Wettbewerb ausgerichtete Kriegerkultur, in der jeder seinen Status innerhalb der Gefolgschaft verbessern wollte, und in der man sich ständig mit anderen maß – sei es mit Waffen, auf athletischem Gebiet, beim Trinken, im Rededuell oder mit geistigen Fertigkeiten, im Lösen von Rätseln, im Runenraten oder Verseschmieden.

Mentalität wikingerzeitlicher Gefolgschaften

Der Ort des Gefolgschaftslebens war die Halle des Fürsten. In Siedlungseinheiten in ganz Skandinavien, die durch Größe, Fundreichtum und aufwendige Bestattungen als Herrschaftszentren ausgewiesen sind, wurden Hallen von teilweise gewaltiger Größe gefunden, wie das 80 x 9 m messende Langhaus in der Siedlung Borg im Norden Norwegens (Lofot). Die Struktur einer solchen Fürstenhalle glich der kleinerer Bauernhäuser,

Fürstenhalle als soziales Zentrum

mit einem Feuergraben in der Mitte, umgeben von Podesten entlang der Wände, mit festgelegten Plätzen zum Sitzen und Schlafen; zum Essen wurden lange Tafeln hereingebracht. Die Räume waren mit bunt bemalten Schnitzarbeiten und Wandteppichen reich geschmückt.

Bedeutung des Trinkgelages In der Halle fand die zentrale Sozialform der Gefolgschaftskultur statt, das Gelage. Seine Stellung zeigt sich in dem dafür betriebenen materiellen Aufwand: Met und Wein waren Luxusprodukte, vor allem Letzterer musste importiert werden; es wurde kostbarstes Trinkgeschirr verwendet, bis ins 10. Jahrhundert Glasgefäße aus England, dem Frankenreich oder dem Mittelmeerraum, danach mit Edelmetall beschlagene Trinkhörner. Dieses Trinken war freilich kein bloßer Zeitvertreib, es war gemeinschaftsstiftendes Ritual, in heidnischer Zeit auch kultische Handlung.

»Ich weiß, dass der Kampfverursacher
– ihn zu kennen war nützlich –
mit gutem Wind der Gríðr[1]
hilfswillig mich aufnahm,
als der Blutstar-Fütterer[2],
der Feind der Ringe[3], in Haugr[4]
gern mit goldenem Horn
selbst zu mir ging, um zu trinken.«
Der Isländer Stúfr Þórðarson, Hofskalde des Norwegerkönigs Haraldr Sigurðarson »des Tyrannen«, beschreibt seine Aufnahme in dessen Gefolgschaft um 1060.
[1] Gríðr = Riesin; ihr Wind = Stimmung

² »Blutstar« = Rabe, der nach wikingerzeitlicher Vorstellung das Blut der Gefallenen trank; sein Fütterer = Krieger
³ »Feind der Ringe« = der großzügige Fürst, der Edelmetalle an seine Gefolgsleute verschenkt
⁴ Haugr = Hof im nordnorwegischen Trøndelag, königlicher Besitz

Die in der Halle zechende Gefolgschaft war die Öffentlichkeit, vor der neue Mitglieder aufgenommen, Konflikte ausgetragen, der eigene Status repräsentiert und aristokratische Lebensformen gepflegt wurden. Den uns noch fassbaren Höhepunkt jener Kultur stellt die skaldische Fürstenpreisdichtung dar. Sie war höchst kompliziert: Um die strengen Vorgaben der Versmaße zu erfüllen, zerbrachen die Dichter die grammatische Struktur der Sätze; sie erfanden kunstreiche poetische Bilder (*heiti* und *kenningar*), in denen sie Naturbeobachtungen, Elemente aristokratischen Lebens, mythologisches und geschichtliches Wissen miteinander verflochten. Ästhetisches Ideal war das Rätsel, je komplizierter ein Vers war, desto besser. Für den Unkundigen war diese Dichtung schlicht unverständlich, und wer in der Halle bestehen wollte, musste sie zu dekodieren lernen.

Gefolgschaftskultur und Skaldendichtung

Die Elitenkultur jener Zeit war zwar kriegerisch geprägt, erschöpfte sich aber keineswegs darin. Die Jagd mit Beizvögeln und Hunden gehörte ebenso dazu wie die Teilnahme an (heidnischen oder christlichen) Kulthandlungen, seemänni

Aristokratischer Lebensstil

sche Fähigkeiten ebenso wie die Kennerschaft der Luxusprodukte, der körperliche Wettstreit ebenso wie die richtigen Umgangsformen. Gerade die Klugheit wurde hoch angesehen, man schätzte die gute Rede, musste verworrene Verse entschlüsseln, sich in Mythologie und heroischer Tradition auskennen, Runen lesen können, um am Totengedenken auf Steinmonumenten und dem auf Knochen geritzten Scherzwort in der Halle partizipieren zu können. Die skandinavischen Oberschichten der Wikingerzeit bildeten nicht nur die machtpolitische und wirtschaftliche, sondern auch die intellektuelle Elite.

Ausschnitt des Bildsteins von Hunninge (Gotland), 8. Jahrhundert. Er zeigt verschiedene Aspekte der Gefolgschaftskultur: Oben zwei mit Schild und Schwert kämpfende Krieger; links einen Mann mit einem großen Ring, vermutlich einem Halsring aus Edelmetall, wohl ein Geschenk des Fürsten; in der Mitte ein berittener Krieger mit Schild und Lanze, begleitet von einem Hund, vielleicht eine Jagdszene; am rechten Rand eine Frau, die ein Trinkhorn darbietet.

Seit wann gab es Könige in Skandinavien?

Herrschaft in der Wikingerzeit

Nach Aussage antiker und frühmittelalterlicher Autoren gab es in Skandinavien schon sehr lange Könige, denn den als Völkern und Stämmen beschriebenen Gruppen werden stets Könige zugeordnet. Mit den tatsächlichen Machtverhältnissen im wikingerzeitlichen Norden hatte dies allerdings wenig zu tun. Die Beschreibung von skandinavischen Anführern als monarchische Herrscher und von skandinavischen Gruppen als ethnische Einheiten ist vielmehr ein Deutungsmuster der fränkischen, angelsächsischen und auch byzantinischen Autoren, das sie anhand der Erfahrungen in ihren eigenen Kulturen, wo Könige und Kaiser über Völker herrschten, entwickelten und dann auf die fremdartigen Gesellschaften des Nordens übertrugen. Man sieht nur, was man weiß.

Völker und ihre Könige – ein Deutungsmuster

Als im späten 12. und 13. Jahrhundert im mittlerweile christianisierten Norden einheimische Kleriker die ersten Geschichtswerke über die wikingerzeitliche Vergangenheit schrieben, sprachen auch sie von »Völkern« und »Königen«. Sie waren ebenso wie ihre frühmittelalterlichen Vorgänger an den antiken Autoritäten geschult und lebten selbst in einer Welt, in der Könige die mittlerweile entstandenen Völker Skandinaviens beherrschten. Es wundert nicht, dass sie die eigene Vorgeschichte, die ihnen mündlich überliefert wurde, mit den

Könige und Völker in der späteren skandinavischen Überlieferung

Deutungskategorien der lateinischen Buchkultur verstanden und schriftlich fixierten.

Ein Wikinger-
führer als
Gründer
Norwegens

Ein solcher Fall ist der bis heute als Gründer Norwegens verehrte Haraldr »Schönhaar« († ca. 933). Während er uns in den zeitgenössischen Quellen als ein Kriegsherr unter vielen entgegentritt, der nach militärischen Erfolgen im späten 9. oder frühen 10. Jahrhundert zeitweise mehrere, aber nicht alle Regionen im heutigen Südnorwegen kontrollierte, beschrieb ihn die norwegische Historiographie drei Jahrhunderte später als legendären Monarchen, der Norwegen unter seiner Herrschaft erstmals vereinigt habe. Alle rechtmäßigen Norwegerkönige stammten, so die mittelalterliche Vorstellung, von ihm ab, was zur Aufzeichnung von teilweise waghalsigen Stammbäumen und einer absurd hohen Anzahl an vermeintlichen Söhnen Haraldrs führte.

Wikingerzeit-
licher Gebrauch
des Wortes
»König«

Die Skaldengedichte und Runeninschriften des 9. und 10. Jahrhunderts kennen zwar das Wort »König« (*konungr*), aber offenbar handelt es sich nur um eine Bezeichnung von vielen für einen bedeutenden Gefolgschaftsherren. Die Benennung als König scheint – zumindest bis in die Mitte des 10. Jahrhunderts – eher das persönliche Ansehen eines Fürsten ausgedrückt denn eine Herrschaftsfunktion gemeint zu haben, denn weder Skaldenverse noch Runeninschriften setzen das Wort in Beziehung zu konkreten Untertanen oder gar Territorien. Es ist unklar, worin die besondere Qualität skandinavischer Könige bestand, ja ob es überhaupt eine gab. Könige über

Völker oder Stämme waren diese *konungar* jedenfalls nicht.

> **»Āsfriþr machte dieses Denkmal, die Tochter Ōþinkōrs, nach Sigtryggr, dem König, ihrem und Gnūpas Sohn.«**
> **Runenstein aus der Nähe von Hæðabȳʀ, errichtet für Sigtryggr († 943), den Sohn des 934 vom ostfränkischen König Heinrich I. besiegten »Dänenkönigs« (*rex Danorum*) Gnūpa. Die Bezeichnung »König« (*kunungʀ*) wird hier als persönliches Attribut gebraucht und bezieht sich weder auf Untertanen noch auf ein Gebiet.**

Herrschaft bezog sich im wikingerzeitlichen Skandinavien also zunächst nicht auf ethnische Gruppen, sondern wurde gesellschaftlich anders verortet. Macht beruhte, wie bereits gesagt, wesentlich auf Besitz, was in einer landwirtschaftlich geprägten Kultur die Kontrolle über Agrarflächen bedeutete. Herrschaft entstand dort, wo ein Verwandtschaftsverband durch Erbfall, Heiratsverbindungen, Kauf oder nackte Gewalt das meiste fruchtbare Land innerhalb einer durch naturräumliche Grenzen bestimmten Region in seine Gewalt bekam. Eine Siedlungs-, Thing- oder Kultgemeinschaft konnte so zu einem regionalen Kleinkönigtum werden. Solche Herrschaften waren fragil; Erbteilungen, das Fehlen geeigneter Nachfolger, ökologische Veränderungen oder auswärtige Mächte konnten rasch alles verändern.

Regionale Herrscher

Herrschaft und Kult Auffällig ist eine starke Verbindung von heidnischem Kult und politischer Macht. Fürsten übten kultische Funktionen aus, wie sich aus Herrscherbezeichnungen, die auf Opfertätigkeit anspielen, aus Schilderungen konkreter Riten und Funden von Kultstätten als Teil von Fürstenhöfen schließen lässt. Auch die in Gedichtform verfassten Stammbäume zweier in Norwegen ansässiger Fürstengeschlechter (der *Ynglingar* aus dem Südwesten und der Jarle von Hlaðir aus dem nördlicheren Trøndelag), die ihre Familien bis zu einem göttlichen Ursprung zurückverfolgten, verweisen aus diesem Zusammenhang.

Zusammenschlüsse mehrerer Gefolgschaften Der erste Schritt in Richtung größerer, überregionaler Herrschaftsgebilde war das Oberkommando über mehrere Gefolgschaftsverbände oder die Kontrolle mehrerer regionaler Kleinkönigtümer. Eine solche Oberherrschaft konnte durch militärischen Zwang herbeigeführt werden oder durch einen freiwilligen Zusammenschluss verschiedener Gefolgschaften. Ihr Bestand hing wesentlich vom militärischen Erfolg, den wirtschaftlichen Ressourcen und dem Prestige des Oberherren ab, was sie zu einer höchst fragilen Angelegenheit machte. Selten hielt solche Herrschaft ein Leben lang, und vererben ließ sie sich schwerlich.

Wikingerkönige auf den britischen Inseln Es spricht für sich, wenn uns die ersten halbwegs stabilen Herrschaften skandinavischer Fürsten in der Fremde begegnen, vor allem auf den britischen Inseln mit den »Wikingerkönigreichen« Dublin und York. Die skandinavischen Gefolgschaften besetzten auch hier, wie aus der Heimat gewohnt, vor

allem die wirtschaftlich prosperierenden Handelsplätze und ihre strategisch wichtigen Häfen; sie
trafen aber auf eine Bevölkerung und lokale Oberschichten, die es gewohnt waren, ihr politisches
Handeln an Königen und (ethnischen) Großgruppen zu orientieren, und die nordischen Eroberer
scheinen sich diese Konzepte rasch angeeignet
und ihre Anführer zu Königen gemacht zu haben.

**Silbermünze eines skandinavischen
Königs von York, um 895–902. Die um
das Kreuz herum arrangierte Inschrift
lautet:** *CNVT R(ex)* – »König Knútr«.
**Lateinische Inschrift, Bildprogramm und
die Praxis der Münzprägung selbst
deuten auf eine angelsächsisch be-
einflusste Königsidee.**

Dieser Aneignungsprozess erreichte auch Skandinavien. Seit dem späten 8. Jahrhundert standen die
nordischen Machteliten in intensivem Kontakt zu
den lateineuropäischen Herrschaften, wo sie sich
mit den Ideen von der Großgruppe »Volk« und einem vererbbaren, sich institutionalisierenden Königtum konfrontiert sahen. Machtfülle, Prachtent-
faltung und Stabilität vor allem des karolingischen
Königtums müssen die skandinavischen Kriegsherren, deren Autorität stets auf Messers Schneide
stand, tief beeindruckt haben, ein Vorbild, dem
nachzueifern sich lohnte. Das Konzept vom König
und seinem Volk begann, die skandinavischen Ver-
hältnisse zu verändern, die Realität passte sich
dem Wahrnehmungsmuster an.

Adaption der
lateineuro-
päischen
Königsidee

Wie entstanden die Völker und Reiche der Dänen, Norweger und Schweden?

Ethnogenese und Herrschaftsbildung im wikingerzeitlichen Norden

Die skizzierte skandinavische Aneignung der lateineuropäischen Königsidee hatte zur Folge, dass die Errichtung von überregionaler Königsherrschaft mit der Entstehung ethnischer Großgruppen einherging; eines bedingte das andere. Auch im frühmittelalterlichen Lateineuropa bedeutete Königtum die Herrschaft über ethnisch definierte Personengruppen, nicht über ein Reich im Sinne einer staatsähnlichen Institution mit Beamtenapparat und festgelegten Grenzen. Das Territorium der Königsherrschaft umfasste das von den beherrschten Gruppen je bewohnte, kontrollierte oder beanspruchte Land, es war kein abstrakt definiertes Staatsgebiet.

Die erste Königsherrschaft und Volksbildung im wikingerzeitlichen Skandinavien war diejenige der Dänen. Vor der zweiten Hälfte des 10. Jahrhunderts (und teilweise noch danach) wurde die Bezeichnung »Dänen« oder »dänisch« sehr unterschiedlich gebraucht: für die nördlichen Nachbarn der Friesen und Sachsen, für seefahrende Angreifer fränkischer und angelsächsischer Küsten, für skandinavischstämmige Siedler im Osten Englands, für alle Bewohner des Königreiches Dublin, für sämtliche Einwohner Skandinaviens oder für die nichtfränkischen Kulturelemente in der Normandie. Wie sich die Bewohner des heutigen Dänemark selbst nannten, wissen wir nicht. Vermeintliche Indizien für ein frühes dänisches Zentralkönigtum – etwa das ab 737 errichtete »Danewerk«, ein 30 km langer Grenzwall im heutigen Schleswig-Holstein – können ebenso gut auf regionale Herrscher zurückzuführen sein. Noch der 934 vom ostfränkischen König Heinrich I. († 936) geschlagene »Dänenkönig« Gnūpa und sein Sohn Sigtryggr († 943) kontrollierten nur Teile Südjütlands um Hæðabȳʀ.

Das erste einheimische Zeugnis für ein dänisches Königtum und ein dänisches Wir-Gefühl ist der um 970 errichtete große Runenstein von Jelling, seit 1994 das erste UNESCO-Weltkulturerbe Dänemarks. Auf ihm gedenkt König Haraldr »Blauzahn« nicht nur seiner verstorbenen Eltern, sondern zählt auch seine eigenen Leistungen auf: die Unterwerfung Dänemarks und Norwegens (oder eher: des »Nordwegs«, s. u., S. 67) sowie die Christianisierung der Dänen. Die Inschrift nennt erstmals eine von einem König beherrschte skandinavische Ethnie, ja fügt mit »Dänemark« (*Danmǫrk*) sogar noch einen geographischen Begriff für diese Herrschaft hinzu. Dass dieses Kö-

Haraldr »Blauzahn« und die Ottonen

nigtum keine eigenständige skandinavische Erfindung war, lässt der enorme kulturelle Einfluss des Ottonenreiches vermuten: In Haraldrs Reich predigten ottonische Missionare, die dort gegründeten Bistümer waren dem Erzbistum Hamburg-Bremen unterstellt, seine Krieger wurden mit der Ausrüstung lateinischer Ritter begraben, er selbst ließ planmäßig Festungen an strategisch wichtigen Punkten anlegen und errichtete in Jelling eine repräsentative königliche Grablege samt gewaltiger Kirche; auf dem Jellingstein selbst, der Teil dieses Ensembles ist, finden sich Stilelemente ottonischer Kunst, und seine Inschrift ist nicht, wie sonst auf Runensteinen üblich, vertikal in Schlangenlinien, sondern waagrecht in rechtsläufigen Zeilen gemeißelt, ein »Buch aus Stein«, wie ihn die dänische Archäologin Else Roesdahl treffend nannte.

> »Haraldr, der König, gebot dieses Denkmal zu machen nach GormR, seinem Vater, und nach Þōrwī, seiner Mutter. Dieser Haraldr, der für sich ganz Dänemark gewann, und den ›Nordweg‹/Norwegen, und die Dänen zu Christen machte.«
> Großer Runenstein von Jelling (Jütland, Dänemark), um 970.

Stabilisierung des dänischen Königtums

Dass die Stabilisierung dieser Herrschaft über Dänemark gelang, war einer Reihe glücklicher Zufälle geschuldet. Sowohl Haraldrs Sohn Swēn »Gabelbart« († 1014) als auch seine Enkel Haraldr († 1018) und Knūtr »der Große« († 1035) traten jeweils im waffenfähigem Alter die Nachfolge an und erwiesen sich zudem als erfolgreiche Militärführer. Über mehrere Generationen entstand also kein Machtvakuum nach dem Tod eines Königs, und bereits nach Knūtrs Tod scheint die Idee eines dänischen Königtums so tief verwurzelt gewesen zu sein, dass es heftige Nachfolgekämpfe überstehen konnte. Freilich fluktuierte das Gebiet dieses Königtums: Swēn scheint Norwegen nur zeitweise kontrolliert zu haben, unternahm aber mehrere Versuche zur Eroberung Englands, was ihm 1013/14 auch schließlich gelang, und Knūtr beherrschte auf dem Höhepunkt seiner Macht in den späten 1020er Jahren neben Dänemark, England und Norwegen auch Teile Schwedens. Erst in der zweiten Hälfte des 11. Jahrhunderts (ab 1047) beschränkte sich die Herrschaft der Dänenkönige auf das Territorium des mittelalterlichen Reiches Dänemark (das heutige Dänemark mit Schonen und dem nördlichen Schleswig-Holstein).

Bis heute heißt das Land Norwegen nach einer Schifffahrtsroute, dem »Nordweg«, der erstmals im Bericht des norwegischen Seefahrers Ohthere um 890 erscheint (S. 21); Ohthere selbst bezeichnet sich darin als »Nordmann«, offensichtlich eine Fremdbezeichnung, die auf dem Weg zum Volksnamen war. Noch auf dem großen Jellingstein um 970 ist unklar, ob der »Gewinn« von *Norwægr* die Kontrolle über die Seeroute oder ein nach ihr benanntes Land meint. Der Schwerpunkt wikingerzeitlicher Besiedlung im heutigen Norwegen lag an der langgestreckten Küste. Zentren bildeten das mittelnorwegische Trøndelag, die Region um den Trondheimsfjord, und die südostnorwegische Region Viken um den Oslofjord. Während Erstere seit dem 9. Jahrhundert

Der »Nordweg« und seine Herrscher

von einem einheimischen Fürstengeschlecht, den Jarlen von Hlaðir, beherrscht wurde, stand Viken zumindest zeitweise unter der Kontrolle dänischer Kriegsherren. Schon für das Jahr 813 notieren die fränkischen »Reichsannalen« einen Feldzug dänischer Fürsten in die *Westarfolda* zur Wiedererlangung der Kontrolle in dieser Region, die unschwer als die Landschaft Vestfold am Oslofjord zu identifizieren ist.

Die Anfänge nichtdänischer Königsherrschaft in Norwegen liegen am Ende des 10. und im frühen 11. Jahrhundert, und sie sind verbunden mit zwei Männern gleichen Namens, nämlich Óláfr Tryggvason († 1000) und Óláfr Haraldsson († 1030). Sie teilen nicht nur einen gemeinsamen Namen, sondern vieles mehr: Beide waren zuvor erfolgreiche Wikingerführer, die durch ausgedehnte Raubfahrten zu Ruhm und Reichtum kamen. Beide nutzten eine Schwächephase des dänischen Königtums: Als der ältere Óláfr 995 in Norwegen seine Herrschaft errichtete, hatte im Jahr zuvor der Dänenkönig Swēn »Gabelbart« eine schwere Niederlage gegen einen schwedischen Heerführer hinnehmen und das Land verlassen müssen, und als der jüngere Óláfr 1015 seine Eroberungen in Norwegen begann, war besagter Dänenkönig Swēn im Jahr zuvor in England gestorben und sein Nachfolger Knūtr »der Große« bis 1018 mit der Sicherung seiner Herrschaft beschäftigt. Beide adaptierten angelsächsische Herrschaftspraktiken, ließen etwa von ins Land geholten angelsächsischen Münzmeistern Silbergeld prägen. Beide versuchten das Christentum zur Sicherung ihrer Herrschaft zu nutzen, da die lokalen Herrscher mit ihren kultischen Funktionen auch an Einfluss verloren. Beide schließlich kamen in Schlachten gegen Koalitionen aus Dänenkönigen und Gegnern aus dem Trøndelag ums Leben. Auf den Münzen des Óláfr Tryggvason finden wir die »Nordleute« erstmals als politische Einheit: *ONLAF REX NOR[mannorum]*, »Óláfr, König der Nordleute«.

Der Tod des Óláfr Haraldsson 1030 in der Schlacht beim trøndischen Stiklastaðir (Stiklestad) erwies sich als folgenschwer. Seine angelsächsischen Missionsbischöfe propagierten entschieden die Heiligkeit ihres Königs und bezeichneten seinen Tod in der Schlacht als Martyrium. Wundergeschichten begannen zu kursieren, und der Kult um Óláfr »den Heiligen« zeitigte bald auch politische Folgen. Bereits 1035, als der Dänenkönig Knūtr starb, wurde sein als Statthalter eingesetzter Sohn vertrieben; die Dänenkönige hatten die Kontrolle über Norwegen endgültig verloren. Die Königsherrschaft über die Norweger blieb seither in den Händen von Óláfrs Verwandten, zunächst seines Sohnes Magnúss »des Guten« (1035–1047), dann seines Halbbruders Haraldr Sigurðarson »des Tyrannen« (1046–1066) und dessen Nachkommen. Auch hier trugen glückliche Zufälle in der Nachfolge zur Sicherung der Königsherrschaft bei.

Ein heiliger König und die Folgen

Während sich in Dänemark und Norwegen in der zweiten Hälfte des 11. Jahrhunderts die Königsherrschaft stabilisierte und die künftigen mittel-

Die *Svēar* im 9. und 10. Jahrhundert

alterlichen Reiche zumindest in Umrissen erkennbar wurden, verliefen die Dinge im heutigen Schweden anders. Bereits im 9. Jahrhundert erscheinen die *Svēar* als eine skandinavische Großgruppe. Die *Vita Anscarii*, die Lebensbeschreibung des karolingischen Missionars Ansgar († 864), verfasst von seinem Schüler und Nachfolger Rimbert († 888) kurz nach seinem Tod, beschreibt seine Reisen zu den *Sueones* im Mälarseegebiet um Birka; und im Bericht des angelsächsischen Händlers Wulfstan über seine Ostseereisen – ebenso wie der Bericht Ohtheres in der um 890 entstandenen angelsächsischen Orosius-Übersetzung überliefert – heißt es, dass die Landschaften Blekinge und Möre sowie die Inseln Øland und Gotland »zu den *Sweon* gehören«, wobei völlig unklar ist, ob damit politische Abhängigkeiten oder eine ethnische Zuschreibung gemeint ist. Angesichts des überregionalen heidnischen Opferfestes in Alt-Uppsala könnte *Svēar* aber auch die Kultgemeinschaft der daran teilnehmenden Gruppen bezeichnen.

Königsherrschaft des Ōlāfʀ »Schatzkönig« Während die in Rimberts *Vita Anscarii* auftauchenden »Könige« der *Sueones* offenbar in erster Linie Gefolgschaftsherren waren, die den Handelsort Birka und vielleicht noch andere Teile der Mälarseeregion kontrollierten, begegnet uns im frühen 11. Jahrhundert mit Ōlāfʀ (Olof) »Schatzkönig« († ca. 1022) der erste *rex Swevorum* (»*Svēar*-König«), der sich auf in Sigtuna geschlagenen Münzen selbst so bezeichnete. Schon sein Vater Æirīkʀ (Erik) »der Siegfrohe« († ca. 995) hatte genügend Machtmittel aufbringen können, um dem Dänenkönig Swēn »Gabelbart« 994 eine Niederlage beizubringen und ihn zeitweilig aus Dänemark zu vertreiben. Die Basis dieser Stärke war wohl die Kontrolle von Sigtuna, das ab etwa 975 den versandenden Hafen von Birka als Drehscheibe des Ostseehandels ablöste. Æirīkrs Sohn Ōlāfr versuchte nun, ähnlich seinen dänischen und norwegischen Nachbarn, ein Königtum lateineuropäischer Prägung zu errichten, wie sich aus seinen von angelsächsischen Münzmeistern geschlagenen Silberpfennigen und seinen Versuchen zeigt, die Mission im Lande durch seine eigene Taufe (um 1008) und die Gründung eines Bistums voranzutreiben (kurz nach 1013). Allerdings hatte er deutlich weniger Erfolg als seine dänischen und norwegischen Kollegen: Er wurde aus dem Mälarseegebiet vertrieben und musste sich in die südschwedischen Ebenen um den Vänersee zurückziehen, woher wohl seine Familie stammte; hier entstand auch das von Hamburg-Bremen aus gegründete Bistum Skara.

Dass Ōlāfr und alle seine wikingerzeitlichen Nachfolger mit dem Versuch scheiterten, im Mälarseegebiet nach lateineuropäischem Vorbild eine zentrale, christlich legitimierte Herrschaft zu errichten, liegt wohl im Charakter der Großgruppe *Svēar* als heidnische Kultgemeinschaft begründet. Die gemeinsamen religiösen Vorstellungen und Kulthandlungen scheinen jene Gemeinschaft erst hervorgebracht zu haben, und wer diese Basis zu eliminieren versuchte, gefährdete den Fortbestand der Gemeinschaft an sich. Dementspre-

Scheitern der Könige im Mälarseegebiet

chend heftig fielen die heidnischen Reaktionen auf jeden Versuch christlicher Missionare oder Fürsten aus, die Opfer von Uppsala zu verbieten oder den Kultplatz zu zerstören, auch wenn ein nicht zu unterschätzender Teil der Bewohner des Mälarseegebietes im 11. Jahrhundert zum Christentum übertrat. Dennoch geschah wohl ein langsamer Übergang von der Kultgemeinschaft zur ethnischen Großgruppe, wie der seit der ersten Hälfte des 11. Jahrhunderts belegte Begriff *Svēþiūð* (»*Svēar*-Volk«) annehmen lässt, der auch im Mälarseegebiet erscheint. Irgendwie zum Umkreis der *Svēar* gehörig, aber doch von den Bewohnern des Mälarseegebietes unterschieden sind die südschwedischen *Gautar*, die um den Vänersee herum siedelten. Obwohl offenbar deutlich früher christianisiert als die *Svēar*, scheinen sie mit diesen jedoch (zumindest im 11. Jahrhundert) so sehr verbunden gewesen zu sein, dass sich bei ihnen kein unabhängiges Königtum herausbildete. Das südschwedische Götaland und die als Svealand bezeichnete Mälarseeregion bildeten im 12. und 13. Jahrhundert auch den doppelten Kern des sich erst nach der Wikingerzeit stabilisierenden schwedischen Königtums; noch bis 1973 bezeichneten sich die schwedischen Monarchen (mit leichten Veränderungen) als »Könige der Schweden und Göten«.

Die Christianisierung Skandinaviens

Woran glaubten die Wikinger vor der Einführung des Christentums?

Die heidnischen Kulte der Wikingerzeit

Kaum ein wikingerzeitliches Thema genießt noch heute eine ähnliche Aufmerksamkeit wie die vorchristlichen Kulte und Mythen Skandinaviens. Übersetzungen altnordischer Texte mythologischen Inhaltes, der (»Älteren«) Lieder-Edda und der (»Jüngeren«) Prosa-Edda, sind veritable Longseller und werden entweder pathetisch als »Götterlieder, Heldengesänge und Spruchweisheit der Germanen« oder als pragmatische Lebenshilfe (»Der altnordische Ratgeber für den täglichen Gebrauch«) vermarktet. Das populäre und detaillierte Bild der heidnischen Götterwelt des Nordens fußt auf diesen Texten. Nur – sie sind nicht wikingerzeitlich. Die Prosa-Edda wurde in den 1220ern von dem isländischen Gelehrten und Politiker Snorri Sturluson († 1241) als Dichterhandbuch verfasst, und bei der Lieder-Edda handelt es sich um eine in den 1270er Jahren entstandene Sammlung älterer, nur mündlich überlieferter Gedichte, die sich über die

Hochmittelalterliche Quellen für die Kulte der Wikingerzeit

Jahrhunderte aber so stark verändert hatten, dass man nicht weiß, was an ihnen wikingerzeitlich und was hochmittelalterlich ist. Beide Texte erlauben nur Aussagen über die Vorstellungen christlicher Isländer des 13. Jahrhunderts vom Glauben ihrer Vorfahren, sind als Quelle für die religiöse Gedankenwelt der Wikingerzeit also nicht geeignet; man ist auf die fragmentarischen Informationen angewiesen, die zeitgenössische Quellen und archäologische Befunde liefern.

Unterschiedlichkeit heidnischer Glaubensvorstellungen

Zunächst gilt es mit einem grundlegenden Missverständnis aufzuräumen: Es gab nicht »das« Heidentum der wikingerzeitlichen Skandinavier im Sinne einer einheitlichen Religion. Mythologische Vorstellungen und Kultpraktiken unterschieden sich vielmehr von Region zu Region, wie wir am Beispiel der sehr unterschiedlichen Bestattungsbräuche oder der Verteilung von nach Göttern benannten Orten erkennen können. Zudem waren sie durch die wikingerzeitlichen Jahrhunderte einem steten Wandel unterworfen, der nicht nur mit der Einführung des Christentums, sondern auch mit Veränderungen innerhalb der heidnischen Vorstellungswelten selbst zu tun hatte.

Mythologie

Unsere beste Informationsquelle für die wikingerzeitliche Mythologie sind die Preisgedichte der Skalden. In ihnen haben sich zahlreiche farbige Erzählungen um die Göttergeschlechter, ihre Kämpfe mit Riesen und Ungeheuern, aber auch um Weltbeginn und -ende oder das Jenseits erhalten, entweder direkt in Strophen mythologischen Inhalts oder indirekt über die schon genannten

DIE CHRISTIANISIERUNG SKANDINAVIENS

poetischen Verschlüsselungen (vgl. S. 56 f.). Jedoch repräsentieren sie, da die Skalden fast alle aus Norwegen und Island kamen, einzig die Tradition des westskandinavischen und atlantischen Raumes. Aus den süd- und ostskandinavischen Regionen sind fast ausschließlich Bilddarstellungen überliefert, die sich nur schwer interpretieren lassen, will man die skaldische Tradition nicht geradewegs auf Zeugnisse übertragen, die in ganz anderen kulturellen Zusammenhängen entstanden. Vielmehr ist davon auszugehen, dass entweder andere Mythen oder die gleichen Mythen anders erzählt wurden. Grundsätzlich handelte es sich bei den mythologischen Vorstellungen nicht um ein geschlossenes System; neue Varianten bekannter Stoffe oder ganz neue Inhalte konnten den eigenen Kanon durchaus erweitern.

Gemeinsam war den wikingerzeitlichen Skandinaviern wohl der Glaube an eine Mehrzahl von Göttern. Wenngleich sich in der Mythologie ganze Götterfamilien finden, so scheinen doch nur eine Handvoll Götter wirklich kultisch verehrt worden zu sein. Aus Textquellen bekannt sind Óðinn (Odin), þórr (Thor), Freyr/Fricco und Týr; weibliche Göttergestalten sind zwar als Kleinfiguren oder auf Bilddarstellungen erhalten, jedoch kennen wir ihre Namen nicht, und sie direkt mit Göttinnen aus der westnordischen Mythologie zu identifizieren, erscheint schwierig. Es ist unklar, ob identische Götternamen auch mit identischen Vorstellungen und Attributen verbunden waren, und umgekehrt konnten dieselben Götter in verschiedenen Gegenden unterschiedliche Namen

Götterglaube

tragen. Möglicherweise ging zudem das Wissen um einige wikingerzeitliche Götter ganz verloren, so dass sich materielle Überreste der Götterverehrung nur schwer mit Inhalt füllen lassen.

Götterstatuette aus dem Mälarseegebiet (Rällinge, Södermanland), 11. Jahrhundert. Aufgrund des Phallus identifiziert man sie mit dem Fruchtbarkeitsgott Freyr/Fricco, da um 1075 Adam von Bremen eine Statue des Gottes als »mit einem ungeheuren Glied« versehen beschreibt.

Opferhandlungen

Eine durch alle Regionen und Perioden des wikingerzeitlichen Nordens vorhandene Kulthandlung war das Opfern von Tieren und wohl auch Menschen, wie Textquellen und archäologische Befunde belegen. Über den rituellen Ablauf der Opferhandlungen und die mit ihnen verbundenen Vorstellungen haben wir nur wenige Informationen, etwa von dem sächsischen Chronisten Thietmar von Merseburg (s. u.) oder dem Domscholaster Adam von Bremen, der bei seiner auf Augenzeugenberichten basierenden Beschreibung der Opferfeste in Alt-Uppsala um 1075 vom Singen »unsittlicher Lieder« spricht. Geopfert wurde zu festgelegten Zeitpunkten (nach dem 6. Januar in Lejre, zum Frühjahrsäquinoktium in Uppsala) oder bei konkreten Anlässen (Hochzeiten, Kriegen, Hungersnöten, Reisen), und zwar

DIE CHRISTIANISIERUNG SKANDINAVIENS

auf allen gesellschaftlichen Ebenen, im Kreis von Hausgemeinschaft oder Gefolgschaft ebenso wie bei öffentlichen Zusammenkünften, wo den politischen Führern eine tragende Rolle bei den Zeremonien zukam. Dabei ging es vornehmlich um das korrekte Vollziehen der Rituale; auch von bereits getauften Anführern wurde die Ausführung heidnischer Opferriten verlangt, und ihr Glaube wurde erst dann zum Problem, wenn sie sich diesen Pflichten entzogen.

> **»Es gibt in diesen Gebieten einen Ort, der Hauptort ihres Reiches, mit Namen Lejre, in dem Bezirk, der Seeland genannt wird, wo sie alle (= die Dänen) nach neun Jahren im Monat Januar, nach der Zeit, in der wir die Theophanie des Herrn feiern (= 6. Januar), zusammenkamen und dort ihren Göttern 99 Menschen und ebenso viele Pferde, Hunde und Hähne – anstelle von Habichten – als Opfer darbrachten. Sie hielten es für sicher, ... dass diese ihnen bei den Unterirdischen dienen und nach begangenen Verbrechen bei jenen um Gnade bitten würden.«**
> **Bericht über Opfer aus der Chronik des sächsischen Bischofs Thietmar von Merseburg († 1018), um 1013. Bemerkenswert ist die Gleichzeitigkeit von politischer und religiöser Bedeutung des Ortes Lejre, was sich mit Ausgrabungsergebnissen deckt.**

Kulthandlungen wie das Opfer fanden an eigens dafür bestimmten Plätzen statt. Auf großen Höfen der Wikingerzeit hat man eigene Gebäude

Kultplätze

mit sakraler Funktion gefunden, Tempel scheint es aber ansonsten nicht gegeben zu haben – mit Ausnahme des »angesehensten Tempels« (*nobilissimum templum*) von Uppsala bei Adam von Bremen, von dem sich freilich bisher bei Ausgrabungen keine Spur gefunden hat. Andere sakrale Orte scheinen bestimmte Quellen, Haine, Hügel, Felsformationen oder auch einzelne Bäume gewesen zu sein. Solche Kultplätze (*vī*) wurden wohl mit Zäunen, Idolen und Ähnlichem hergerichtet. Sie zu beschädigen konnte, wie eine Runeninschrift des 9. Jahrhunderts aus Hälsingland (Schweden) belegt, empfindliche Strafen nach sich ziehen. Weitere rechtliche Sonderstellungen waren möglich, etwa eine Asylfunktion, wie auf einer Felsritzung derselben Zeit im südschwedischen Götland zu lesen ist.

> »Gunnar färbte diese Runen. Und er floh schuldig, suchte diesen Kultplatz auf. Und er floh in diese Rodung ...«
> Felsritzung von Oklunda (Östergötland, Südschweden), spätes 9. Jahrhundert.

Bestattungssitten

Der Grabbrauch ist einer der Bereiche heidnischer Kulte, über die wir am meisten wissen. Gerade hier zeigen sich Variationsreichtum und Dynamik der wikingerzeitlichen Kulturen in besonderem Maße, es gibt Brand- und Erdbestattung (Letztere in Kammern oder Gruben), mit reichen, wenigen oder gar keinen Beigaben, unter Hügeln, Steinsetzungen oder auf freiem Feld. Zwar lassen sich gewisse Moden feststellen, doch gibt es »die« wikingerzeitliche Bestattungspraxis nicht. Besonders häufig erscheint im Grabbrauch des wikingerzeitlichen Skandinaviens das Schiff: als Steinsetzung in Schiffsform, als Bild auf Gedenksteinen, aber auch als reales Objekt in den prunkvollen südnorwegischen Schiffsgräbern von Oseberg (834) und Gokstad (um 900); ähnliche Grabensembles fanden sich noch auf Fünen, in Hæiðabȳʀ , in Russland und auf der Isle of Man. Eine weitere Variante, die Verbrennung des Verstorbenen mit dem Schiff, beschreibt der arabische Diplomat Ibn Faḍlān bei den Rus' im Jahr 922. Trotz dieser Fülle von Material ist es unklar, welche Rolle das Schiff im wikingerzeitlichen Grabkult spielte. Diente es zur Reise ins Totenreich, sollte es dem so Bestatteten auch im Jenseits zur Verfügung stehen, ihn vielleicht sogar wieder in die Welt der Lebenden zurücktragen, oder war es ein bloßes Statussymbol?

Generell ist über die Jenseitsvorstellungen im wikingerzeitlichen Skandinavien wenig bekannt. In der westskandinavischen Skaldentradition erscheint der berühmte Kriegerhimmel *Valhǫll* (Walhalla, wörtlich »Kampfhalle«), wo Óðinn die besten Krieger in seinem Gefolge versammelt, eine Verlängerung des aristokratischen Lebensstils der Kriegerelite in die Ewigkeit, möglicherweise eine Adaption christlicher Himmelsvorstellungen (s. u., S. 93). Ganz andere Denkmodelle begegnen uns auf den dänischen Inseln des 9. Jahrhunderts, wo man den Verstorbenen offenbar in seinem Grab präsent glaubte und ihn mit dem in Runen geritzten Zauberspruch »Nutze das Denkmal gut!« an der Rückkehr in die Welt der Lebenden hindern wollte.

Jenseitsvorstellungen

Das Gedenken an die Toten können wir nur noch in Fragmenten fassen. Gedichte und Geschichten scheinen eine Methode gewesen zu sein, wie sie in den in Versform überlieferten Abstammungslinien von Fürstengeschlechtern oder einer speziellen Form des skaldischen Preisgedichts, der *erfidrápa* (»Erbgedicht«) noch zu fassen ist. Die langlebigsten Memorialquellen sind ohne Zweifel die Runensteine, deren Errichtung bereits vor der Ankunft des Christentums begann, vor allem in den dänischen Regionen Jütland, Fünen und Seeland. Manchmal findet sich auf ihnen nur ein Name oder die Formel »NNs Denkmal/Stein«, manchmal aber auch Informationen über Verwandtschaftsverhältnisse, Herrschaftsfunktionen, Besitztümer oder bemerkenswerte Ereignisse.

Gedenkinschriften konnten aber auch Zauberformeln enthalten, wie den erwähnten Totenbannspruch oder einen Fluch zum Schutz von Grab und Runenstein. Überhaupt waren die Runen mehr als ein bloßes Schriftsystem, es handelte sich bei ihnen um Zauberzeichen. Neben dem Lautwert war jeder der 16 Runen des *fuþąrk*, wie das Alphabet nach seinen ersten sechs Zeichen genannt wird, eine Bedeutung zugemessen, die zu magischen Zwecken benutzt werden konnte. Einige Objekte mit in Runen geritzten Zaubersprüchen haben sich erhalten, eine Praxis, die bis in christliche Zeiten gepflegt wurde. Auch das Werfen von Losen oder andere Wahrsagetechniken wurden praktiziert, was den Verlauf ganzer Feldzüge entscheiden konnte. In den Bereich schamanistischer, vielleicht von den Saami übernommener Praktiken zu rechnen sind die norwegischen *berserkir* (»Bärenhemden«), Krieger, die nur mit Fellen bekleidet wie in Trance kämpften und offenbar eine Art Tieridentität annahmen. Der Rausch war hoch angesehen und sakral aufgeladen, galt er doch als eine Art höherer Bewusstseinsstufe, wie etwa der Mythos vom Skaldenmet zeigt, einem magischen Getränk, durch das Óðinn die Dichtkunst begründet haben soll. In diesen Kontext gehört wohl auch das kultische Trinken in der Fürstenhalle.

ᚠ	*feu* – »Vieh, Besitz«
ᚢ	*ūr* – »Auerochse«
ᚦ	*thuris* – »Riese, böse Macht«
ᚨ	*ōs* – »Flussmündung« oder »Ase«
ᚱ	*rāt* – »Fahrt, Ritt, Wagen«
ᚲ	*chaon* – »Geschwür« oder »Fackel«
ᚼ	*hagal* – »Hagel«
ᚾ	*naut* – »Not, Schicksal«
ᛁ	*īs* – »Eis«
ᛅ	*ār* – »(gutes) Jahr«
ᛋ	*sōl* – »Sonne«
ᛏ	*tiu* – der Göttename Týr
ᛒ	*brica* – »Birke«
ᛘ	*man* – »Mann, Mensch«
ᛚ	*lagu* – »Wasser, See«
ᛦ	*ȳr* – »Eibe, Eibenbogen«

Bedeutung der Runen des wikingerzeitlichen *fuþąrk* nach dem *Abecedarium Nordmannicum*, erhalten in einer Sammelhandschrift aus der Feder des karolingischen Gelehrten Walahfrid Strabo († 849).

Wie und wann wurden die Wikinger zum Christentum bekehrt?

Christliche Missionsunternehmungen in Skandinavien

Missionsbefehl als mittelalterliche Handlungsmaxime

»Darum gehet hin und machet zu Jüngern alle Völker: Taufet sie auf den Namen des Vaters und des Sohnes und des Heiligen Geistes und lehret sie halten alles, was ich euch befohlen habe.« Dieser Missionsbefehl, der sich nicht nur im Matthäus-Evangelium (28,19–20) findet, sondern ähnlich auch bei Markus, Lukas, Johannes und in der Apostelgeschichte, war einer der wichtigsten biblischen Leitsätze für die Christen durch das gesamte Mittelalter hindurch – und noch weit darüber hinaus. Erst, wenn Gottes Wort allen Völkern verkündet wäre, so der mittelalterliche Glaube, könne das in der Apokalypse des Johannes offenbarte Weltende kommen und das Reich Gottes anbrechen.

Karolingerzeitliche Skandinavienmission

Gerade die Karolinger nahmen diesen göttlichen Auftrag sehr ernst. Nach einem wenig erfolgreichen Versuch der Dänenmission am Anfang des 8. Jahrhunderts durch den Angelsachsen Willibrord († 739) nahm Kaiser Ludwig »der Fromme« († 840) die Bekehrung der Skandinavier in Angriff. 822/23 erhielt Erzbischof Ebo von Reims († 851) den Auftrag zur Skandinavienmission vom Kaiser und eine päpstliche Legation von Paschalis I. († 824). Nach Erfolgen in den 820er Jahren wurde 831 die Missionslegation erweitert, der

Missionar Ansgar († 865) zum Erzbischof geweiht, die Hammaburg als Basis für die Mission zum Bistum erhoben und reich ausgestattet. Mitte des 9. Jahrhunderts wurde Hamburg mit Bremen zusammengelegt und zum Erzbistum. In den Handelsorten Hæiðabȳʀ und Birka entstanden Kirchen und predigten fränkische Priester. Doch beeinträchtigten die karolingischen Bruderkriege und die Einfälle von Wikingern und Magyaren die Mission seit der Mitte des Jahrhunderts, und spätestens unter Ansgars Nachfolger Rimbert kam die Skandinavienmission vollends zum Stehen.

Erst als sich das ostfränkische Königtum unter den Ottonen im früheren 10. Jahrhundert wieder stabilisierte, kam auch die Nordmission wieder in Gang. Direkt nach dem Sieg Heinrichs I. über den Hæiðabȳʀ kontrollierenden Fürsten Gnūpa und dessen Taufe reiste der Hamburg-Bremische Erzbischof Unni nach Dänemark und Schweden; 936 erlag er in Birka einer Krankheit. Schon 948 wurden in drei dänischen Handelsorten Bistümer gegründet (Ribe, Hæiðabȳʀ, Århus), und zwischen 960 und 965 empfing der Dänenkönig Haraldr »Blauzahn« selbst mitsamt Verwandtschaft und Gefolge die Taufe.

Ottonischer Neubeginn der Mission

Durch karolingische, ottonische und salische Autoren, durch Heiligenviten, Geschichtswerke, Synodalakten und Urkunden sind wir über die kontinentalen Missionsbemühungen vergleichsweise gut informiert. Weniger gut sieht es mit den angelsächsischen Missionaren aus, die spätestens seit dem 10. Jahrhundert in Skandinavien wirk-

Angelsächsische Missionare

ten, da einerseits die vom Erzbistum Hamburg-Bremen dominierte Tradition sie nicht erwähnt, andererseits angelsächsische Texte weitgehend über sie schweigen, weil kein königlicher Auftrag und keine für die Bekehrung zuständige kirchliche Institution hinter ihnen stand. Dennoch lässt sich aus verstreuten Erwähnungen und Spuren ihres Missionsvokabulars, die sich vor allem auf Runensteinen finden, eine bedeutende Rolle angelsächsischer Geistlicher bei der Christianisierung Norwegens und Schwedens erschließen.

Praktisches Vorgehen der Missionare

Die Methoden kontinentaler und angelsächsischer Missionare unterschieden sich wenig. Erster Ansatzpunkt für die Bekehrungsarbeit waren stets die Mächtigen, da sie Schutz und Versorgung der Missionare garantieren sowie Land für den Kirchenbau zur Verfügung stellen konnten; außerdem wurden sie meist mit ihrer Verwandtschaft und ihrem Gefolge in einem kollektiven Akt bekehrt, was die Verbreitung christlicher Vorstellungen stark beschleunigte. Nicht selten ging ein solcher Taufakt mit der Verbindung zu einem christlichen Herrscherhaus mittels Patenschaft und reichen Geschenken einher. Gerade bei jenen Fürsten, die nach der Etablierung eines Königtums strebten, trafen die Missionare auf großes Interesse, übernahmen sie doch durch die Kleriker ihres Umfeldes (oft einen Missionsbischof, der Priester weihen konnte) mit dem Glaubenswechsel die Kontrolle über den Kult und konnten so ihre Macht vergrößern. Eine andere Missionsmethode war die Ausbildung einheimischer Priester an Kloster- oder Domschulen, die der

Landessprache mächtig waren und zudem über persönliche Verbindungen verfügten, einerseits durch die Entsendung von Kindern aus angesehenen Geschlechtern, andererseits durch den Kauf von Sklaven durch die Missionare. Typisch war auch der in einer mündlich geprägten Gesellschaft wirkungsvolle, symbolträchtige »große« Auftritt des Missionars in der Öffentlichkeit, sei es die Predigt auf einer Thingversammlung, das Streitgespräch vor der Gefolgschaft, die Inszenierung eines Wunders oder die demonstrative Verwüstung eines heidnischen Kultplatzes.

Nicht zu unterschätzen sind Anzahl und Einfluss derjenigen Skandinavier, die sich auf ihren Reisen taufen ließen und ihre neue Religion mit in ihre nordische Heimat brachten. Dabei spielten nicht selten pragmatische Gründe eine Rolle – Vertragsabschlüsse zwischen Kaufleuten oder diplomatische Verhandlungen fielen so leichter, und als Christ hatte man in den christlichen Reichen des Westens wie des Ostens ganz andere Aufstiegsmöglichkeiten. Die auf den britischen Inseln und im Frankenreich siedelnden oder herrschenden Skandinavier wandten sich verhältnismäßig rasch dem dort dominanten Christentum zu.

Taufe im Ausland

Auch der byzantinische Osten unternahm nicht geringe Anstrengungen, um die heidnischen Skandinavier in die orthodoxe *oikūmenē* einzugliedern. Bereits im Frühjahr 867 schreibt der Patriarch Phōtios von Konstantinopel († 891/93) über die Rus' – sieben Jahre nach ihrem Überfall auf Konstantinopel und nur drei Jahre nach der

Orthodoxe Mission

Bekehrung der Bulgaren –, dass sie »jetzt für den reinen und unverfälschten Glauben der Christen ihren ... gottlosen Glauben« eingetauscht hätten. Der Jubel des Patriarchen kam zu früh. Dass die Rus' noch im 10. Jahrhundert heidnisch waren, zeigen die Verträge von 911 und 944, die sie mit den Byzantinern schlossen, wo »christlich« als Gegensatz zu rus'isch erscheint und die je nach dem eigenen Glauben beschworen wurden. Nur kurz darauf, 946, besuchte eine rus'ische Fürstin namens Helga († 969) Konstantinopel und wurde zusammen mit ihrem Gefolge getauft, wobei sie den Namen ihrer Patin, der Kaiserin Helenē Lekapēnē († 961), annahm. Die endgültige Konversion der mittlerweile stark slawisierten Fürsten von Kiew erfolgte 988, als Vladimir »der Große« († 1015) ein Bündnis mit Kaiser Basileios II. »dem Bulgarentöter« († 1025) schloss und dessen Schwester Anna heiratete, eine »Purpurgeborene« (*porphyrogennētē*), also die Tochter eines regierenden Kaisers, die im Palast von Konstantinopel zur Welt gekommen war, was die Ehe zu einer besonderen Ehre machte. Als der ottonische Missionar Brun von Querfurt († 1009) Kiew 1007/8 besuchte und am Hof Vladimirs einen Monat blieb, schrieb er einen Brief an den ottonischen König Heinrich II. († 1024), in dem der Fürst als lobenswerter christlicher Herrscher erscheint – von heidnischen Rus' kein Wort.

Bekehrerkönige in Norwegen

Im entstehenden Norwegen waren es vor allem die ersten Könige Óláfr Tryggvason und Óláfr Haraldsson, die die Christianisierung vorantrie-

ben, teils diplomatisch auf regionalen Thingversammlungen, teils wohl auch mit Waffengewalt.
Beide waren im Ausland getauft worden und
brachten in ihrem Gefolge angelsächsische Kleriker nach Norwegen. Von besonderer Bedeutung
war der Heiligenkult, der nach dem Tod des jüngeren Óláfr in der Schlacht von Stiklastaðir entstand und schon in den frühen 1030er Jahren zu
Wallfahrten an sein Grab führte. Eine einheimische Heiligengestalt festigte nicht nur das norwegische Königtum, sondern dynamisierte auch die
Christianisierung, konnte doch die Funktion der
über das Land wachenden Götter auf eine andere
sakrale Schutzfigur übertragen werden.

> »Und vor dem Mann,
> der als König
> selbst heilig ist,
> kniet die Schar für Hilfe;
> um Sprache Bittende (= Stumme)
> und Blinde suchen
> den Volksherren auf,
> und sind von da an gesund.«
> Strophe aus einem Gedicht des Skalden Þó-
> rarinn »Lobzunge«, in dem er 1031/35 die
> Heiligkeit des norwegischen Bekehrerkö-
> nigs Óláfr Haraldsson feiert. Hier be-
> schreibt er Wunderheilungen am Grab.

Über die Christianisierung Islands wissen wir wenig. Nach isländischer Geschichtstradition – die
schon um 1120 einsetzte – beschloss die von den
großen Landbesitzern dominierte allgemeine

**Island – Chris-
tianisierung per
Volksentscheid?**

Thingversammlung (*alþingi*) im Jahre 1000 den Glaubenswechsel. In den zeitgenössischen Quellen finden sich allerdings keine Hinweise auf dieses an und für sich bemerkenswerte Ereignis. Erzbischof Adalbert von Hamburg-Bremen († 1072) war nach seinem Biographen Adam der Auffassung, dass sich die Isländer »zu seiner Zeit«, also erst Mitte des 11. Jahrhunderts bekehrt hätten, wohl durch die Entsendung des in Sachsen ausgebildeten und von ihm 1056 geweihten ersten isländischen Bischofs Ísleifr Gizurarson († 1080). Das Christentum dürfte aber schon deutlich länger auf der Insel präsent gewesen sein. Genetische Studien haben ergeben, dass 20 Prozent der Männer und 60 Prozent der Frauen unter den isländischen Siedlern keltischer Herkunft waren; mit den durchweg christianisierten Kelten war also ein bedeutender Anteil der Bevölkerung christlich. Dazu kam, dass Teile der isländischen Eliten in der Fremde getauft wurden. Das Christentum dürfte also schon eine verhältnismäßig breite Basis gehabt haben, als Ende des 10. Jahrhunderts Missionare auf Island zu wirken begannen, unter anderem auf Initiative der norwegischen Bekehrerkönige.

Die langsame Christianisierung Schwedens In Schweden dauerte es bis ins frühe 12. Jahrhundert, ehe sich das Christentum durchsetzen konnte. Zwar hatte es schon im 9. und 10. Jahrhundert Fuß gefasst, und wie etwa in Gräbern gefundene Kreuzanhänger vermuten lassen, waren seit dem frühen 11. Jahrhundert die Schwedenkönige und ein nicht geringer Teil der Eliten getauft, und nicht lange nach 1013 wurde im götischen Skara das erste Bistum gegründet, doch stieß die Mission vor allem im Mälarseegebiet, um das Kultzentrum Alt-Uppsala auf erbitterten Widerstand, wohl wegen der Bedeutung des heidnischen Kults für die Gruppenidentität der Svēar.

Silberner Kreuzanhänger aus Birka, spätes 9. Jahrhundert.

Zudem gab es Konflikte zwischen angelsächsischen und Hamburg-Bremischen Missionaren, die um die kirchliche Vormachtstellung stritten, im späteren 11. Jahrhundert dann noch direkte päpstliche Einflussnahme im Investiturstreit gegen die kaiserlich orientierten Erzbischöfe. Die Könige unternahmen zwar ihr Möglichstes und gründeten Mitte des 11. Jahrhunderts ein Bistum in dem von ihnen kontrollierten Handelsplatz Sigtuna, doch waren beide Bistümer nicht kontinuierlich besetzt. Regelmäßig gab es heidnische Erhebun-

»Austmaðr, Guðfastrs Sohn, ließ diesen Stein errichten und diese Brücke machen, und er ließ Jämtland christianisieren.« Runenstein von Frösö (Jämtland, Nordschweden), ca. 1050–1080, ausgeführt von einem Ritzer aus dem Mälarseegebiet. Außergewöhnlich an der Inschrift ist, dass sie nicht zum Andenken an einen Verstorbenen angefertigt wurde, sondern um an den Stifter und den von ihm initiierten Bekehrungserfolg zu erinnern.

gen, die sich sowohl gegen die christlichen Missionare als auch die sie schützenden Könige richteten (s. o., S. 70 ff.). Auf der anderen Seite waren große Teile der landbesitzenden Oberschichten seit der ersten Hälfte des 11. Jahrhunderts Christen, wie sich an Fürbittgebeten und Kreuzsymbolen auf Runensteinen ablesen lässt, und förderten in ihrem Einflussgebiet in kleinerem Rahmen die Christianisierung.

Gründung einer skandinavischen Kirchenprovinz

Während in Schweden angelsächsisch und ottonisch-salisch geprägte Christen untereinander und mit den Heiden stritten, war Dänemark in der zweiten Hälfte des 11. Jahrhunderts offenbar schon weitgehend christianisiert, ja dänische Bischöfe missionierten sogar in Schweden. Acht größtenteils stabile Bistümer existierten, und Adam spricht um 1075 von über 500 Kirchen allein in Schonen, Seeland und Fünen, ohne das schon länger christianisierte Jütland. Die Dänenkönige strebten seit Knūtr »dem Großen« nach kirchlicher Unabhängigkeit vom Erzbistum Hamburg-Bremen und damit vom Reich der salischen Könige und Kaiser. Doch gelang dies erst im Investiturstreit, als 1103 der umstrittene Reformpapst Paschalis II. († 1118) Lund zum Erzbistum erhob und ihm ganz Skandinavien als Kirchenprovinz unterordnete; 1153 folgte die Einrichtung des norwegischen Erzbistums Niðaróss/Trondheim (inklusive Islands, Grönlands, der Orkneys, Shetlands, Hebriden und der Isle of Man), 1164 die des schwedischen Erzstuhls von Uppsala – bezeichnenderweise nicht weit vom alten heidnischen Heiligtum entfernt.

DIE CHRISTIANISIERUNG SKANDINAVIENS

War Christus nur ein Gott neben anderen?

Gleichzeitigkeit und Vermischung heidnischer und christlicher Vorstellungen

Die regionalen Unterschiede zwischen den heidnischen Kulten Skandinaviens, ihre Verbindung zu Naturphänomenen und magischen Vorstellungen resultierten in einem grundsätzlich offenen Weltbild der wikingerzeitlichen Heiden, dem stets neue Götter oder Mythen hinzugefügt werden konnten – ein grundsätzlicher Gegensatz zur Eindeutigkeit der monotheistischen Buchreligionen, deren heilige Schriften jeweils nur eine göttliche Wahrheit fixierten und gelten lassen konnten. Den Heiden war dieser Unterschied der Glaubenssysteme zunächst nicht bewusst, und Christus wurde unterschiedslos neben anderen Göttern und übernatürlichen Mächten verehrt.

Offenheit heidnischer Vorstellungen

»Einmal brach bei einem Gastmahl unter Anwesenheit des Königs ein Streit über die Verehrung der Götter aus, bei dem die Dänen zwar versicherten, Christus sei ein Gott, aber es müsste noch größere Götter geben, die sich den Menschen durch machtvollere Zeichen und Wunder kundtäten.« Auszug aus einer legendarischen Erzählung über die Bekehrung des Dänenkönigs Haraldr »Blauzahn« 960/65, aus der wenig später geschriebenen Sachsengeschichte des Widukind von Corvey (ca. 967/68).

Dennoch veränderte das Christentum als ein sehr starkes Kulturphänomen auch die heidnischen Kulte und Glaubensvorstellungen im wikingerzeitlichen Skandinavien auf vielen Ebenen, indem Mythen oder religiöse Konzepte aus ihrem christlichen Kontext gelöst, übernommen und in heidnische Zusammenhänge eingepasst wurden. Umgekehrt »christianisierten« die Missionare bestimmte Kultpraktiken und mythologische Vorstellungen der Heiden, indem sie die dezidiert heidnischen Bestandteile eliminierten und sie durch christliche ersetzten, eine Missionstechnik, die bereits seit Jahrhunderten erfolgreich praktiziert wurde. Somit konnten die frisch bekehrten Skandinavier bestimmte kulturelle Praktiken beibehalten und dennoch gute Christen sein.

Die augenfälligste Übernahme eines christlichen Konzeptes durch Heiden ist das religiöse Symbol. Das trotz seiner simplen Form unverwechselbare Kreuz ist bis heute das christliche Emblem schlechthin und war dies auch im frühen Mittelalter. Die heidnischen Kulte der Wikingerzeit kannten ein ähnliches Symbol, nämlich den sogenannten »Thorshammer«, ein Attribut des Himmelsgottes, in Form eines umgedrehten T. Es ist auffällig, dass Thorshämmer genau in jenen Regionen Skandinaviens zu Tage treten, wo gleichzeitig oder kurz zuvor auch das christliche Kreuz nachweislich präsent war, und sogar in denselben Kontexten, als Amulett oder Steinritzung. Entsprechend geht die Forschung hier von der Adaption des christlichen Symbols aus.

Gußform aus Speckstein für Amulette, gefunden in Trendgården (Jütland, Dänemark), 10. Jahrhundert. Es konnten damit sowohl Thorshämmer als auch christliche Kreuze hergestellt werden.

Ähnliche Prozesse sind wohl auch für die Entstehung der skandinavischen Vorstellungen des »Kriegerhimmels« *Valhǫll* anzunehmen. Zwar gab es heidnische Vorstellungen von einem Weiterleben der Verstorbenen schon länger, in dem die Toten im Jenseits ihr diesseitiges Leben fortsetzten. Doch ist das ausgefeilte Konzept, nach dem ein Gott (Óðinn) übernatürliche Diener oder Boten (die *valkyriar*, »Schlachtentscheiderinnen«) die besten Toten zu sich geleiten lässt, um sie in seine Heerscharen aufzunehmen und in seinem himmlischen Palast (*Valhǫll*) bis zum Ende der Welt ein paradiesisches Leben führen zu lassen, offenbar die Übernahme der christlichen Himmelsidee und ihre Anpassung an die Lebenswelt der skandinavischen Kriegerelite.

Valhǫll – ein Himmel für Krieger

Auch der heidnische Gedanke eines definierten Weltendes und des damit verbundenen Endkampfes zwischen guten und bösen Mächten ist wohl als Reaktion auf die im mittelalterlichen Christentum omnipräsenten Vorstellungen von der Apokalypse zu deuten. Seit wann konkrete Vorstellungen von *Ragnarǫk*, dem »Götterschicksal«, im wikingerzeitlichen Skandinavien kur-

Christliche Apokalypse und nordisches »Götterschicksal«

sierten, ist ungewiss, ihre Zeugnisse in Bild und Text erscheinen aber meist in christlichen Kontexten. Die beiden Edden des 13. Jahrhunderts bringen dann einen ganzen Kreis mythischer Begebenheiten im Zusammenhang mit dem Weltende, mit apokalyptischen Vorzeichen, einer festgelegten Abfolge von katastrophal ausgehenden Kämpfen zwischen Göttern und Riesen oder Ungeheuern, und der Verheißung eines folgenden paradiesischen Zeitalters.

Fortleben heidnischer Mythenstoffe

Ein eigentümliches Fortbestehen dezidiert heidnischer Vorstellungen ist in der Skaldendichtung festzustellen. Die für die wikingerzeitlichen Preisgedichte so zentralen poetischen Umschreibungen bezogen sich zu einem nicht geringen Teil auf heidnische Mythologie und Kultpraktiken; ja sogar die Selbstbeschreibung der Dichter und des Dichtens verwies auf einen solchen Mythos, den Raub des magischen Skaldenmets durch Óðinn. An den Höfen der meisten christlichen Fürsten wurde diese Tradition ohne nennenswerte Veränderungen fortgesetzt und nur durch einige neue Umschreibungen für christliche Namen und Begriffe ergänzt. Die heidnischen Mythenstoffe behielten also eine kulturelle Relevanz und wurden, zumindest an den Fürstenhöfen, weiterhin überliefert, auch wenn sie ihre religiöse Bedeutung mit der Christianisierung eingebüßt hatten.

> »Knútr schirmt das Land wie der Schützer Griechenlands das Himmelreich.«
> Refrain eines Lobgedichtes des isländischen Skalden Þórarinn »Lobzunge« auf den Dänenkönig Knútr »den Großen«, ca. 1026. »Schützer Griechenlands« ist eine Umschreibung für Gott.

Gleiches gilt für die Bildwelt. Die bildlichen Darstellungen heroischer und heidnisch-mythologischer Stoffe finden sich auch (und gerade!) in christlichen Kontexten, auf Grabkreuzen oder den holzgeschnitzten Verzierungen skandinavischer Stabkirchen bis ins hohe Mittelalter. Auch die wikingerzeitliche Ornamentik mit ihren verschlungenen Monstern und Tierleibern, ursprünglich wohl mit heidnischer Bedeutung aufgeladen, bestand unverändert fort und diente nun zur Verzierung christlicher Artefakte wie etwa der Runensteine.

Heidnische Bildwelt in christlichem Kontext

Runenstein von Lilla Vilunda (Uppland, Schweden), ca. 1070–1100, mit Ornamenten und Kreuzzeichen. Die Inschrift lautet übersetzt: »Forkuðr und Þōriʀ ließen diesen Stein errichten nach ihrem Vater Kætill. Gott helfe seiner Seele.«

Das für uns am besten fassbare Beispiel der »Christianisierung« einer heidnischen Kulturtechnik ist das Totengedenken durch Runeninschriften. In heidnischer Zeit wurden nur wenige solcher Inschriften geritzt, teils verbunden mit Zauberformeln gegen Wiedergänger oder zum Schutz des Grabes. Im Dänemark der Bekehrungszeit wurde diese heidnische Memorialpraxis mit Kreuzsymbolen und Fürbittgebeten

Christliche Runensteine

christlich aufgeladen, und sie verbreitete sich von dort aus seit dem ausgehenden 10. Jahrhundert in ganz Skandinavien, ja wurde sogar zu einem regelrechten Massenphänomen: Während nur gut hundert Runensteine sich aufgrund von Zeitstellung oder Attributen (Zauberformeln, heidnischen Symbolen) als heidnisch identifizieren lassen, sind gut zwei Drittel der ca. 3000 Runensteine mit ihren Kreuzzeichen, Fürbittgebeten oder Beschreibungen frommer Taten definitiv als christlich anzusehen. Durch die Christianisierung des Runensteinbrauchs änderten sich aber nicht nur die Inhalte der Inschriften, sondern auch ihre mediale Aufbereitung. Zuvor waren so gut wie nie Inschrift und Bildschmuck auf einem Denkmal zu finden gewesen, und wo das doch der Fall war, bestand kein direkter Zusammenhang zwischen Schrift und Bild. In der christlichen Tradition waren diese beiden Ebenen aber auf vielfältige Weise verbunden – etwa durch illustrierte Bücher oder Textprogramme zu Bildern –, und mit der Mission hielt diese Kulturtechnik Einzug in Skandinavien. Zum ersten Mal lässt sich die Verbindung von Text und Bildschmuck auf dem Jellingstein des Haraldr »Blauzahn« um 970 nachweisen: Über jenem Teil der Inschrift, der die militärischen Erfolge Haraldrs rühmt, ist ein Kampf zwischen einem vierfüßigen Tier und einer Schlange zu sehen, und die Schilderung der Christianisierung wird von einem Christusbild begleitet (s. o., S. 65). Einheimische Künstler griffen diese Kulturtechnik auf, und in der Folge trugen die Runensteine nicht mehr nur Inschriften, sondern auch aufwendigen Bild- und Ornamentschmuck.

Die Übergangszeit brachte aber auch ganz eigene religiöse Zwischenformen hervor. Rimbert beschreibt im 9. Jahrhundert in seiner Biographie Ansgars eine solche Praxis, eine Vorstufe zur Taufe: »Denn sie (= die Dänen) empfingen gern das ›kleine Kreuzzeichen‹ (*signaculum crucis*), auf dass sie Katechumenen (= Taufkandidaten) seien, wodurch sie die Kirche betreten und den Gottesdiensten beiwohnen durften, die Annahme der Taufe aber schoben sie auf ...«. Diese auch *prima signatio* (»erste Bezeichnung«) genannte Praxis ermöglichte es etwa, christliche Eide zu leisten, was den Umgang mit christlichen Geschäftspartnern deutlich erleichterte. Sie war aber wohl nicht mit den rituellen Abschwörungen der alten Götter verbunden, die Teil des Taufgelöbnisses waren.

Prima signatio als »Vortaufe«

Diese Ambivalenzen der Bekehrungszeit und die grundsätzliche Offenheit der heidnischen Vorstellungen wurden von christlichen Autoren – seien sie Zeitgenossen oder Nachgeborene – nur selten wahrgenommen oder beschrieben. Die christliche Weltsicht war klar zweigeteilt, in die christliche Wahrheit und den heidnischen Irrtum, und angesichts dieses grundlegenden und von klein auf erlernten Denkmusters war es für die meisten Kleriker vorstellbar, dass ein Nebeneinander von heidnischen Kulten und christlichem Glauben im wikingerzeitlichen Skandinavien möglich war. Einzig jene Quellen, die entweder von Missionaren selbst verfasst wurden oder deren Autoren direkt Informationen von diesen Praktikern erhielten, beschreiben diese Ambivalenz.

Die Blindheit der Nachwelt

Wie veränderte das Christentum die skandinavischen Gesellschaften?

Die Christianisierung – eine kulturelle Revolution

Ein tiefgreifender Wandel

Die Taufe großer Teile der skandinavischen Oberschichten war nur ein erster Schritt zur Christianisierung Skandinaviens. Der Aufbau von Kirchenstrukturen – Bistümern, Klöstern und Pfarrbezirken – war ein langsamer Prozess. Selbst für Dänemark mit seinen aberhunderten von Kirchengebäuden berichtet der Chronist Adam von Bremen um 1075 von einem Mangel an Priestern. Dennoch erfassten die vom Christentum ausgelösten Transformationsprozesse nahezu alle kulturellen und gesellschaftlichen Bereiche.

Der Kirchenzehnt als Anfang der Besteuerung

Schon der Aufbau der Kirchenstrukturen brachte Veränderungen mit sich. Ihr Unterhalt basierte nicht nur auf den Einnahmen kircheneigener Ländereien, sondern auch auf einer jährlich fälligen Abgabe, dem Kirchenzehnten. Zuvor hatte es im wikingerzeitlichen Skandinavien wohl keine regelmäßigen Abgaben gegeben. Die Kriegsherren hatten von durchreisenden Kaufleuten Schutzgelder erhoben und von der Bevölkerung bestimmter Landstriche Tribute erpresst. Doch die Idee, dass einer Institution generell bestimmte Abgaben zustanden, war neu. Die Regelmäßigkeit solcher Einkünfte ermöglichte den Aufbau stabiler Strukturen, etwa der entstehenden Königsherrschaft, erforderte aber auch eine komplexe Verwaltung.

Auf die Bedeutung der Christianisierung für das Mittelalterliche Gesellschaftsordnung Entstehen von Königsherrschaft und ethnischen Großgruppen ist bereits oben verwiesen worden (S. 64–72). Damit hörte freilich die christliche Transformation der skandinavischen Gesellschaften nicht auf. Während in der Wikingerzeit die soziale Stellung einer Person von ihrem Zugang zu materiellen Gütern und Machtmitteln sowie ihrem persönlichen Prestige abhing, was eine große soziale Mobilität ermöglichte, teilte das mittelalterliche Lateineuropa die Gesellschaft funktional in »Beter« (*oratores*), »Krieger« (*bellatores*) und »Arbeiter« (*laboratores*), also in Klerus, (Krieger-)Adel und Volk. Auch wenn die soziale Realität längst nicht so starr und eindeutig war, wie dieses Schema annehmen lässt, so gab es doch ein verbindliches soziales Klassifizierungssystem, das mit der Christianisierung auch in Skandinavien Einzug hielt. Die klare Schichtung der Gesellschaft in Sklaven (*þrœllar*), freie Bauern (*bøndir*), Fürsten (*jarlar*) und Könige, wie sie etwa in dem Eddagedicht *Rígsþula* begegnet, ist keineswegs althergebracht wikingerzeitlich, sondern eine Umsetzung moderner lateineuropäischer Ideen im 13. Jahrhundert.

Auch die Ehe wurde durch die Christianisierung Die christliche Ehe grundlegend verändert. War sie zuvor ein Vertrag zwischen den Eheleuten und ihren jeweiligen Verwandtschaftsverbänden gewesen, der sich im wikingerzeitlichen Skandinavien von beiden Seiten auflösen ließ, so war die christlich legitimierte Ehe ein Sakrament und konnte dementsprechend nicht einfach geschieden, sondern nur kirchenrechtlich aufgelöst oder annulliert werden. Gleichzeitig gab es ein Bündel von Faktoren, die nach dem Kirchenrecht für die Legitimität einer Ehe erfüllt sein mussten, unter anderem die Befolgung strenger Inzestregeln. Bei den engen Verwandtschaftsverhältnissen innerhalb der Oberschichten und der Schwierigkeiten einer mündlichen Gesellschaft, die Abstammung über mehrere Generationen zurückzuverfolgen, kam es hier rasch zu Problemen. Auch die in nicht wenigen Regionen des wikingerzeitlichen Skandinavien übliche Polygamie kam in Konflikt mit kirchlichen Normen. Neben der Verurteilung durch die Kirchenoberen, die bis zur Exkommunikation reichen konnte, war vor allem die Rechtmäßigkeit der Erben das Problem. Während zuvor im Norden eine von der Gemeinschaft anerkannte Abstammung für einen Erbanspruch ausreichte, waren nach christlicher Norm nur Nachkommen aus einer kirchlich legitimierten Ehe erbberechtigt. Gerade die Durchsetzung der kirchenrechtlichen Verwandtschaftsnormen im Norden war ein Prozess, der viele Jahrhunderte dauerte und mit dem Ende der Wikingerzeit noch lange nicht abgeschlossen war.

Christliches Gebetsgedenken Ein weiterer bislang in die Zuständigkeit der Verwandtschaft fallender Bereich, den die Kirche übernahm, war das Totengedenken. Nach christlicher Vorstellung halfen die Gebete der Lebenden den Verstorbenen im Jenseits und verringerten die ihnen auferlegte Buße. Noch während der Bekehrungszeit, als nicht ständig Priester zur Verfügung standen, oblag die Sorge um dieses Gebetsgedenken wie zuvor für die heidnischen Memorialriten den Verwandten, der sie mit der

Errichtung von Runensteinen nachkamen (s.o., S. 95 f.) – jeder, der die Inschrift las, sprach damit ein Gebet für den Verstorbenen. Sobald aber ausreichend Priester zur Verfügung standen, hörte das Errichten von Runensteinen binnen weniger Jahre auf, da nun die klassische Form des christlichen Gebetsgedenkens – das Verlesen der Namen aus einem Memorialbuch während der Messe – möglich war. Zwar hatten die Verwandten hierfür aufzukommen, die Durchführung jedoch lag in den Händen der Priester.

Eine der grundlegendsten Veränderungen dürfte die Einführung der lateinischen Schrift gewesen sein. Zwar gab es mit den Runen eine eigene Alphabetschrift, jedoch wurde diese nur für kurze Inschriften benutzt und nicht für längere Texte. Durch das Christentum – eine Buchreligion – partizipierte auch Skandinavien an der abendländischen Buchkultur. Die erste in einem skandinavischen Skriptorium entstandene Handschrift aus Dalby (Schonen) stammt von etwa 1060. Durch den Kontakt mit der lateineuropäischen Schriftkultur veränderte sich auch die Runenschriftlichkeit, sie wurde nun auch für Gebrauchstexte (Besitzvermerke, Briefe etc.) benutzt. Dieser Wandel bedeutete eine Veränderung der grundlegenden Prinzipien und Funktionsweisen von Schrift: Während bei der Runenkultur der Wikingerzeit die Zauberwirkung und ein intellektuell herausfordernder Leseprozess im Zentrum standen (nicht zufällig wurde für das Runenlesen das Wort *ráða*, »raten« benutzt), was ähnlich wie bei der Skaldensichtung zu möglichst rätselhaften Er-

Lateinische Schriftkultur

zeugnissen führte, die zudem alle Unikate waren, genossen in der lateineuropäischen Buchkultur die eindeutige Verständlichkeit des Textes und seine Reproduzierbarkeit Vorrang. Folgerichtig verwendete man für das Lesen lateinischer Buchstaben das Lehnwort *lésa*, das ähnlich wie das lateinische *legere* und das deutsche »lesen« auch »auflesen, sammeln« bedeuten kann, was auf die Flüssigkeit des Lesevorgangs weist, im Gegensatz zum Entschlüsseln einer Runeninschrift.

Übernahme des christlichen Weltbildes

Hatten die heidnischen Kulte mit ihren Unterschieden in Ritual und Mythos ein grundsätzlich offenes Weltsystem dargestellt, das widersprüchliche Vorstellungen nebeneinanderstellte, verlangte das christliche Weltbild mit dem Bewusstsein einer einzigen von Gott offenbarten, schriftlich fixierten Wahrheit ihre Synchronisierung. Die Unübersichtlichkeit einer rätselhaften Welt wurde abgelöst von der göttlichen Ordnung der Dinge und der Gewissheit, dass in den heiligen Schriften (Bibel und Kirchenväter) sowie den Texten der Antike alles Wissen der Welt vorhanden sei. Ein fundamentalerer Mentalitätswandel ist kaum vorstellbar.

Vom Heldenzeitalter zur Heilsgeschichte

Geradezu beispielhaft zeigt sich dieser Wandel in Zeitkonzept und Geschichtsbild. Vor und während der Bekehrung nahmen die frühmittelalterlichen Skandinavier Zeit vor allem als eine Abfolge von Zyklen wahr – sei es der Jahreslauf oder die längeren Perioden zwischen regelmäßig wiederkehrenden Opferfesten. Ereignisse, die länger vergangen waren als sich noch lebende Menschen zurückerinnerten, gehörten in eine quasi mythische Vergangenheit, ein Heldenzeitalter, in dem alles miteinander verschmolz und das vor allem erzählerischen Gesetzen folgte. Ganz anders das christliche Geschichtsbild, das mit der Erschaffung der Welt einen datierbaren Anfangspunkt hatte und mit der Wiederkehr Christi in der Apokalypse einen definierten Endpunkt, das auf jüdischen wie griechisch-römischen Geschichtstraditionen und Zeitsystemen fußte; die Geschichte war Teil der göttlichen Weltordnung und folgte einer Entwicklung hin zum Heil aller Menschen. Die christliche Zeit verlief linear, sie war mess- und damit letztlich überschaubar.

Daneben veränderte sich auch die Wahrnehmung des Raumes. Skandinavien wurde Teil der universalen katholischen Kirche, mithin einer Gemeinschaft, die Stämme, Völker und Reiche überspannte und miteinander verband. Dies erweiterte nicht nur den Horizont wikingerzeitlicher Politik, sondern führte auch zu einem neuen Blick auf die skandinavische Heimat. Es ist kaum ein Zufall, dass die ersten Äußerungen einer übergeordneten skandinavischen Identität – die Rede von der »dänischen Zunge« und den »Nordlanden« – sich in Skaldengedichten auf norwegische Bekehrerkönige finden, und dass Knūtr »der Große«, der ein Nordseeimperium errichtete und sich »König von ganz England und Dänemark und der Norweger und Teilen der Schweden« nannte, dem am gründlichsten christianisierten skandinavischen Herrschergeschlecht angehörte.

Skandinavien als Teil der Christenheit

Nicht weniger umwälzend veränderte das Christentum die Sicht der wikingerzeitlichen Skandinavier auf sich selbst. Bislang war Identität etwas gewesen, das sich in der Beziehung zu anderen Menschen abspielte, ein Wechselspiel von Zugehörigkeit und Abgrenzung, stets abhängig von der in der Situation aktuell wichtigen Personenkonstellation. Der christliche Sündengedanke hingegen, verbunden mit den Konzepten von Beichte und Sühne, forderte ein intensives Nachdenken über die eigenen Handlungen, Absichten und Gefühle. Diese Selbstreflexion, zu der die Priester die Gläubigen anleiteten, mündete in eine neue, individuelle Selbstbewusstheit.

»Ulfkæll und Arnkæll und Gȳi, die machten hier die Thingstätte. Es möge kein Denkmal größer werden als das, welches Ulfʀs Söhne nach ihm machten, behende Burschen nach ihrem Vater. Sie errichteten die Steine, und den Stab stifteten sie auch, den großen, als Wahrzeichen. Auch Gyrīðr schätzte den Ehemann, daher wird sie den Verlust mit Weinen bekunden.«
Runensteinpaar von Bällsta (Uppland, Schweden), ca. 1010–1040. Die Inschrift hebt in besonderer Weise die Liebe der Witwe zu ihrem verstorbenen Mann und ihre Trauer hervor – Zeichen einer neuen Form der Selbstreflexion.

Folgen der Wikingerzeit

Welche Folgen hatten die Fahrten der Wikinger für Europa?

Die Wikingerzüge als Motor einer dynamischen Entwicklung

Folgt man der Wahrnehmung der mittelalterlichen Zeitgenossen, so brachten die Wikingerzüge den lateineuropäischen Reichen nichts als Tod, Zerstörung und unendliches Leid. In der Tat sind diese negativen Auswirkungen weder zu bestreiten noch zu unterschätzen. Zehntausende Menschen wurden im Zuge der skandinavischen Raubfahrten getötet, vergewaltigt, vertrieben oder versklavt, verloren Verwandte und Freunde oder auch Hab und Gut. Doch zeigen sich dem ungerührten Blick des Historikers auch andere, weitaus weniger negative Folgen, erscheinen die Verheerungen als Ausgangspunkt für neue oder als Katalysator für bereits begonnene Entwicklungen.

Vor allem auf politischem Gebiet hinterließen die Wikingerzüge Spuren, auch jenseits skandinavischer Herrschaftsgründungen. Die dauerhafte Vereinigung der angelsächsischen Königreiche unter der Herrschaft eines gesamtenglischen Kö-

Wikingerfahrten als Impulsgeber

Vereinigung Englands

nigs etwa wäre ohne die skandinavischen Invasionen wohl nicht zustande gekommen. Der Eroberungs- und Plünderzug des »großen Heidenheeres« in den 860er und 870er Jahren brach die militärische Macht der Könige von Northumbrien, Mercien und Ostanglien. Die angelsächsische Wiedereroberung unter König Ælfrēd »dem Großen« und seinem Sohn Ēadweard (Eduard) »dem Älteren« († 924) ging von Wessex aus, und die Folge war eine hegemoniale Stellung seiner Könige. Schon Ælfrēds Enkel Æþelstān († 939) konnte sich »König von ganz Britannien« (*rex totius Britanniae*) nennen.

Stärkung der westfränkischen Territorialfürsten

Im Frankenreich, vor allem in seinem westlichen Teil, ist eine umgekehrte Entwicklung zu beobachten. Die seit den 830er Jahren in heftige Nachfolgekämpfe verstrickten karolingischen Könige waren mit der Verteidigung der langen Küstenlinien vor allem des heutigen Frankreich überfordert und gaben diese Aufgabe an ihre lokalen Vasallen ab. Diese wurden dadurch militärisch autonomer, konnten selbständig Truppen aufbieten und unterhalten sowie Befestigungen errichten. Zusammen mit den enormen Landschenkungen, mit denen die karolingischen Könige die Unterstützung der mächtigen Adelsgeschlechter in den Bruderkriegen erkauften, schwächte diese militärische Autonomie der westfränkischen Fürsten das Zentralkönigtum und sorgte für das Entstehen der großen französischen Territorien, deren Herren zeitweise mächtiger waren als der König selbst, und die erst wieder im Laufe des 12. und 13. Jahrhunderts von den kapetingischen Königen unter ihre Kontrolle gebracht wurden.

Eine direkte Folge der Plünderungen war die Liquidation toten Kapitals. In den Klöstern und Kirchen des frühmittelalterlichen Lateineuropa hatten sich über Jahrhunderte der Stiftertätigkeit enorme Edelmetallmengen in Form von liturgischem Gerät und Kirchenschmuck angesammelt, die dem Wirtschaftskreislauf entzogen waren. Die skandinavischen Plünderer schmolzen diese Gold- und Silberobjekte für gewöhnlich ein, wodurch sie zwar die Kunstwerke zerstörten, das Edelmetall jedoch in Umlauf brachten. Zu einem nicht geringen Teil strömte es in die geplünderten Gebiete zurück, wenn Skandinavier etwa die berühmten fränkischen »Ulfberht«-Schwerter aus Damaszenerstahl, rheinländische Mühlsteine, Glasgeschirr oder Traubenwein kauften.

Liquidation von Kirchenschätzen

Generell führte der Aufschwung des Fernhandels zu einer enormen Dynamisierung der frühmittelalterlichen Wirtschaft. Zwar bildeten die Erträge der Agrarwirtschaft nach wie vor die Basis der mittelalterlichen Versorgung, doch konnten auch ehemals arme Regionen an den Überschüssen der fruchtbaren Agrargebiete teilhaben, wenn sie begehrte Produkte wie Walrosselfenbein, Bernstein, Pelze, Bienenwachs oder Sklaven lieferten. Auch und gerade Handwerksprodukte waren begehrte Handelsgüter, was eine Professionalisierung der Handwerker mit manufakturähnlichen Betrieben und eine stärkere Arbeitsteilung nach sich zog.

Wirtschaftlicher Aufschwung durch Fernhandel

Gerade in Skandinavien führten die auf Handels-
und Raubfahrten oder im Söldnerdienst erwirtschafteten Überschüsse nicht nur zu politischen
und sozialen Veränderungen wie der Etablierung
der Königsherrschaft oder der Entstehung ethnischer Großgruppen, sondern auch zu einem er-
heblichen Bevölkerungswachstum. Einerseits war
es durch die sogenannte »mittelalterliche Warmzeit« möglich, bislang unfruchtbare Gebiete zu
erschließen und die Bevölkerung mit den höheren
Erträgen der schon bewirtschafteten Agrarflächen
besser zu versorgen, andererseits führten die
Überschüsse zu einer Mehrzahl von Hofgründun-
gen und brachten mit den Sklaven neue Arbeitskräfte ins Land. Die archäologischen Befunde erlauben nur sehr grobe Schätzungen, aber die
Bevölkerung Skandinaviens dürfte sich während
der Wikingerzeit beinahe verdoppelt haben.

Handel und Raubzüge trugen auch zu den
bereits mehrfach angesprochenen kulturellen
Austauschbewegungen bei. Einer der folgen-
schwersten dieser zahlreichen Transfer- und Ad-
aptionsprozesse geschah auf technologischem
Gebiet. Bereits im 9. Jahrhundert hatte die
technische Überlegenheit der skandinavischen
Schiffe zu ehrgeizigen Flottenbauprogrammen
im Frankenreich und im angelsächsischen England geführt. Spätestens im 12. Jahrhundert entstand aus der Kombination von friesischen und
skandinavischen Schiffbautechniken an der süd-
lichen Nord- und Ostseeküste ein neuer Schiffs-
typ, die hochseetaugliche Handelskogge. Sie war
größer und schwerer als die skandinavischen Se-

gelschiffe, zugleich aber seetüchtiger als die friesischen Schlickrutscher. Ihre Größe und ihr Gewicht führten zur Entwicklung des am Achtersteven montierten Heckruders, da sie mit einem normalen Seitenruder nicht zu steuern war. Als diese Schiffbautradition um 1300 mit den mediterranen Bautechniken verschmolz, entstanden jene Schiffstypen, mit denen die Europäer in den folgenden Jahrhunderten die Welt entdecken und erobern sollten.

Wappen der Hansestadt Stralsund von ca. 1265. Es zeigt ein Schiff mit einem am Achtersteven befestigten Heckruder.

Bereits während der Wikingerzeit erschlossen die skandinavischen Kauffahrer neue Handelsrouten. Zwar hielten sich nicht alle diese Schifffahrtsverbindungen – das Wissen etwa um die Seewege nach Grönland oder Neufundland verließ Skandinavien während des Mittelalters wohl nie –, aber viele von ihnen, beispielsweise die Routen von der Ostsee ins Schwarze Meer und der Seeweg in das für den Heringshandel so wichtige Norwegen, blieben auch im hohen und späten Mittelalter wichtig, vor allem für die Hanse, von der die wikingerzeitlichen Fernhändler im Laufe des 12. Jahrhunderts verdrängt wurden.

Erschließung neuer Handelswege

Durch die Erschließung dieser neuen Handelswege, aber auch durch die Integration Skandinaviens in die europäischen Verkehrs- und Perso-

Erweiterung des mittelaltelichen Weltbildes

nennetzwerke, erweiterte sich das vornehmlich aus der griechisch-römischen Antike stammende Weltbild des mittelalterlichen Lateineuropa. Bereits in der um 890 entstandenen altenglischen Übersetzung des spätantiken Geschichtswerks des Orosius († ca. 418) ergänzte man die darin enthaltene Beschreibung der Welt, einerseits durch direkt in den Text eingearbeitete Zusätze, andererseits durch zwei Exkurse mit Reiseberichten von Fahrten im Atlantik und der Ostsee. Wie sehr sich durch die Kontakte mit den wikingerzeitlichen Skandinaviern das mittelalterliche Weltbild erweitert hatte, zeigt das vierte Buch in der Hamburger Bischofsgeschichte des Adam von Bremen, der um 1075 Skandinavien detailliert beschreibt und sogar Amerika nennt.

»Außerdem erzählte er [= der Dänenkönig Swēn Æstrīdson], viele Männer hätten in diesem Ozean eine weitere Insel entdeckt; sie heiße Winland, weil dort wilde Weinstöcke wachsen, die besten Wein bringen. Nicht ausmalenden Vermutungen, sondern zuverlässigen dänischen Berichten entnehme ich auch, dass dort ohne Aussaat reichlich Getreide wächst.«
Ersterwähnung Amerikas in der Bischofsgeschichte der Hamburgischen Kirche des Adam von Bremen, um 1075.

Was wurde aus den Wikingerherrschaften außerhalb Skandinaviens?

Die skandinavischen Herrschaftsgründungen – eine Erfolgsgeschichte

Die sichtbarste politische Folge der Wikinger- **Unterschiedliche**
züge war die Existenz skandinavisch beherrsch- **Stabilität**
ter Territorien außerhalb Skandinaviens. Nicht **skandinavischer**
wenige dieser »Wikingerreiche« gingen bereits **Herrschaften**
vor dem Ende der Wikingerzeit unter. Das skandinavische Königreich York etwa erlosch schon
954 mit Vertreibung und Tod des letzten Königs
Eiríkr »Blutaxt«, und die 1013 begonnene Herrschaft der Dänenkönige über England endete
1042 mit dem Tod des anglodänischen Königs
Hǫrða-Knūtr (Hardeknut), des letzten Sohnes
Knūtrs »des Großen«. Viele der skandinavischen
Herrschaftsgründungen blieben aber bis ins
hohe Mittelalter bestehen und spielten in der politischen Geschichte Europas eine wichtige Rolle.

Die sicher erfolgreichste skandinavische Grün- **Herzogtum**
dung war das Herzogtum Normandie. Im Laufe **Normandie**
des 10. und früheren 11. Jahrhunderts entwickelte sich aus der Herrschaft des skandinavischen Fürsten Rōlfʀ um die Seinemündung, einem zu Anfang des 10. Jahrhunderts nahezu
entvölkerten und weitgehend verwüsteten Land-
strich an der nordfranzösischen Küste, eines der
mächtigsten Herzogtümer im westfränkischen
Reich. Ein modernes Feudalwesen schuf eine
schlagkräftige militärische Infrastruktur aus

professionellen Reiterkriegern (Rittern), eine systematisch aufgebaute Verwaltung sowie zielgerichtete Maßnahmen zu Landesausbau und Einwanderung sorgten für ein Wachsen der Bevölkerung und wirtschaftlichen Aufschwung, die massive Förderung der Kirche und das Aufkommen der ritterlichen Hofkultur für eine kulturelle Blüte. Der Herzog nahm eine zentrale, beinahe königsgleiche Machtposition ein.

Französische Normannen in Italien

Das rigide Feudalsystem setzte freilich dem Unternehmungsgeist und Aufstiegswillen jener normannischen Adeligen, die nicht erbten oder direkt mit dem Herzog verbunden waren, enge Grenzen. Es wundert kaum, dass sie sich daher andere Betätigungsfelder suchten und fanden, in Unteritalien, das von den Konflikten langobardischer Fürsten, des römisch-deutschen Königs, der Byzantiner, Muslime und schließlich des Papstes um Macht und Einfluss regelrecht zerrissen war. 1015/16 traten dort die ersten normannischen Ritter als Söldner auf, 1038 erhielt der erste Normanne ein Lehen in Süditalien. In den folgenden Jahrzehnten brachten verschiedene normannische Rittergeschlechter (vor allem die Hauteville) durch militärische Überlegenheit und geschicktes Manövrieren zwischen den zahlreichen Parteien Süditalien und Sizilien unter ihre Kontrolle. 1059 wurde der Normanne Robert Guiscard (»das Wiesel«, † 1085) Vasall des Papstes, 1071 mit Bari die letzte byzantinische Festung genommen, 1091 die letzte muslimische Stadt auf Sizilien erobert. Da nahezu alle normannischen Fürsten Italiens miteinander verwandt waren, gewann Graf Roger II. von Sizilien

(† 1154) in den 1120er Jahren die Kontrolle über ganz Süditalien mit Ausnahme der päpstlichen Besitzungen und ließ sich 1130 in Palermo zum König von Sizilien krönen. Im Königreich Sizilien verbanden sich muslimische, byzantinische, lateinische und normannisch-französische Elemente zu einer faszinierenden Mischkultur, und durch die geschickte Übernahme und Adaption der hochentwickelten muslimischen und byzantinischen Verwaltungsstrukturen und Gelehrtentraditionen entstand eines der fortschrittlichsten Herrschaftsgebilde des mittelalterlichen Europa.

Wie mächtig die Herzöge der Normandie in der Mitte des 11. Jahrhunderts waren, zeigt die Eroberung Englands durch Herzog Wilhelm II. »den Bastard« 1066. Über seine Großtante Emma war er mit dem angelsächsischen König Ēadweard »dem Bekenner« († 1066) verwandt und erhob nach dessen Tod Anspruch auf den englischen Thron. Wie in der Normandie und in Italien auch modernisierten die normannischen Eroberer das angelsächsische England grundlegend, reformierten Administration wie Kirche. Durch weitere Eroberungen und Heiratsverbindungen entstand unter den Plantagenêts im 12. Jahrhundert ein anglonormannisches Großreich, das Britannien, Irland und nahezu die Hälfte Frankreichs beherrschte. Es war die lateineuropäische Hegemonialmacht seiner Zeit.

Normannische Eroberung Englands

Diese Normannen, die in Nordfrankreich, Unteritalien, auf Sizilien und den britischen Inseln herrschten, die auf dem 1. Kreuzzug 1095–99 Fürstentümer im vorderen Orient eroberten, waren freilich

Normannen als Träger französischer Kultur

keine Skandinavier mehr. Im Mittelmeerraum bezeichnete man sie allgemein als »Franken« (griechisch *phrangoi*, arabisch *al-faranj*), und selbst ihre skandinavischen Zeitgenossen nannten sie *frakkar* (so in einem Mitte des 11. Jahrhunderts entstandenen Skaldengedicht auf den Norwegerkönig Haraldr »den Tyrannen«). In der Tat waren Sprache und Kultur der Normannen französisch, doch scheinen ihnen ihre skandinavischen Wurzeln und die daraus resultierenden kulturellen Unterschiede zu den Franzosen so bewusst gewesen zu sein, dass sie ihre eigene Identität als *normannitas* bezeichneten, um sich abzugrenzen. Wie stark skandinavische Elemente in der normannischen Kultur vorhanden waren und wie genau sie wirkten, ist eine vermutlich nie zu beantwortende Frage, zu lückenhaft ist unser Wissen vom Entstehen der normannischen Kultur im 10. Jahrhundert.

Rjurikiden als Herrscher in Russland bis 1598

Von ähnlich weitreichender Bedeutung wie der Aufstieg der französischen Normannen war das Entstehen der altrussischen Fürstentümer, allen voran des Großfürstentums Kiew, das bis zum Tod Wladimirs II. Monomach († 1125) eine hegemoniale Stellung einnahm, wohl auch aufgrund der besonders engen Kontakte mit Byzanz und seiner kirchlichen Stellung als Sitz des rus'ischen Metropoliten (bis 1299). Zwar zerfiel die Kiewer Rus' nach Wladimirs Tod endgültig in mehrere konkurrierende Großfürstentümer, wurde Kiew durch Steppenvölker bedroht und der Großteil Russlands ab 1223 von den Mongolen erobert, jedoch beherrschte das Geschlecht der Rjurikiden weiterhin die wichtigsten Fürstentümer. Die

Großfürsten von Moskau wie auch die russischen Zaren des 16. Jahrhunderts bis zu Fjodor I. († 1598), dem Sohn Iwans »des Schrecklichen« († 1584), waren Nachfahren der rjurikidischen Großfürsten von Kiew.

Die Rjurikiden des 12. Jahrhunderts führten sich auf skandinavische Ursprünge zurück. Die altrussische Nestorchronik, entstanden um 1113–18, der älteste historiographische Text Russlands, berichtet, dass ein Verband von slawischen Stämmen im Jahre 862 skandinavische (»warägische«) Fürsten ins Land geholt hätte, um sie zu beherrschen – unter ihnen den namengebenden Rjurik. Die Historizität dieser Erzählung ist in höchstem Maße zweifelhaft. Da keine ältere Quelle sie kennt, dürfte sie allein auf mündlichen Überlieferungen beruhen; doch demonstriert sie ein Bewusstsein für die Verschmelzung slawischer und skandinavischer Kulturen, aus der die Rus' als eigene ethnische Gruppe entstanden waren.

Skandinavische Wurzeln der Rus'

Skandinavische Herrschaften blieben auch in der Irischen See und im Atlantik bestehen, auf den Orkneys, Hebriden und Shetlands, der Isle of Man und in Irland selbst, vor allem in Dublin. Die schottischen Inseln und die Isle of Man bildeten zusammen die »Südinseln« (*Suðreyjar*) unter Herrschaft eines »König von Man und der Inseln«, die Orkneys und Shetlands die »Nordinseln« (*Norðreyjar*) unter der Herrschaft der Orkney-Jarle. Seit dem späten 11. Jahrhundert waren beide Vasallen des norwegischen Königs. Erst

Skandinavier auf den britischen Inseln

im späteren Mittelalter kamen sie unter schottische Kontrolle, 1266 die »Südinseln« und 1468 die »Nordinseln«. Die skandinavischen Königreiche in Irland gingen bereits mit der Eroberung der Insel 1169–75 unter – ironischerweise durch den anglonormannischen König Heinrich II. Plantagenêt († 1189).

Fortleben skandinavischer Kulturelemente

In jenen Gebieten entstand eine keltisch-nordische Mischkultur, wie sie bereits für die Isle of Man umrissen wurde (s. o., S. 44 f.). Auch wenn die wesentliche kulturelle Prägung der dortigen Menschen heute keltisch oder britisch ist, so haben sich doch zahlreiche Aspekte skandinavischer Kultur erhalten, seien es Name und Grenzen des noch heute in der anglikanischen Kirche existierenden, einstmals dem norwegischen Erzbistum Trondheim unterstellten Bistums »Sodor and Man« (Ersteres ist eine Verschleifung des altnordischen Begriffs *Suðreyjar*), zahllose Ortsnamen oder etwa das *Tynwald* (wohl nach dem altnordischen *þingvǫllr*, »Thingplatz«) genannte Parlament der Isle of Man, das von sich behauptet, das »älteste kontinuierlich bestehende Parlament der Welt« zu sein. Vor allem auf den Orkneys und Shetlands, wo bis ins 19. Jahrhundert ein skandinavischer Dialekt (Norn) gesprochen wurde, ist der skandinavische Beitrag wichtig für das kulturelle Selbstverständnis.

Amerika und sein »nordisches Erbe«

Obwohl von einer »Entdeckung« Amerikas durch die wikingerzeitlichen Skandinavier nicht gesprochen werden kann (s. o., S. 37), hat das »nordische Erbe« doch einen festen Platz in der amerikanischen Identität. Zahllose vermeintliche »Wikingerfunde« – zumeist gefälscht oder in der Moderne aus Skandinavien importiert –, mit denen man skandinavische Siedlungen oder Expeditionen ins amerikanische Inland nachzuweisen versucht, legen davon ebenso Zeugnis ab wie eine Rede der heutigen Außenministerin Hillary Clinton, die sie im Rahmen der Millenniumsfeierlichkeiten im Jahre 2000 hielt, damals noch als First Lady: »Die Wikinger sind alles in allem mehr als eine historische Präsenz in Nordamerika; sie repräsentieren vielmehr den Entdeckergeist, zu dem die Amerikaner eine besondere Beziehung haben.« Selbst wenn es nie eine dauerhafte skandinavische Siedlung gab – ideell sehen sich auch die USA als ein »Wikingerreich«.

Wurden die skandinavischen Reiche ein Teil Europas?

Skandinavien als Peripherie der lateinischen Christenheit

Transformation des wikingerzeitlichen Skandinavien

Die Fahrten der frühmittelalterlichen Skandinavier veränderten nicht nur die von ihnen bereisten Regionen, sondern auch ihre Heimatgebiete. Spätestens im 9. Jahrhundert hatte ein Veränderungsprozess im Norden eingesetzt, dessen zwei wichtigste, in einem dynamischen Wechselspiel ineinandergreifende Entwicklungen die Entstehung von Königsherrschaft wie ethnischen Großgruppen und die Christianisierung waren. Sie verwandelten das Mosaik der Thing-, Kult- und Siedlungsgemeinschaften, der miteinander konkurrierenden Kriegergefolgschaften und *warlords*, der höchst unterschiedlichen Regionalkulturen und Kontaktzonen in das geschlossen erscheinende Bild der drei christlichen Königreiche Dänemark, Norwegen und Schweden. Skandinavien wurde ein Teil des lateinischen Mittelalters.

Die skandinavischen Reiche im Machtgefüge Lateineuropas

Die Integration skandinavischer Herrscher in das europäische Mächtespiel geschah langsam. Schon lange traten sie als militärische Gegner, als Verbündete oder als Vasallen lateineuropäischer Könige auf. Ab dem Ende des 10., vor allem aber im Laufe des 11. Jahrhunderts kamen auch Heiratsverbindungen mit christlichen Herrscherfamilien zustande. Der Kiewer Großfürst Jaroslaw »der Weise« († 1054) etwa verheiratete seine Söhne mit einer byzantinischen Kaisertochter und einer polnischen Prinzessin, seine Töchter mit den Königen Heinrich I. von Frankreich († 1060), Andreas I. von Ungarn († 1060) und dem Norwegerkönig Haraldr »dem Tyrannen«. Als erster skandinavischer Herrscher lateineuropäischer Prägung darf der anglodänische König Knūtr »der Große« gelten, der England eroberte und in gleicher Weise wie seine angelsächsischen Vorgänger regierte, eine Herzogstochter aus der Normandie heiratete, aktiv eine weitgespannte Kirchenpolitik betrieb – unter anderem in direkten Verhandlungen mit Papst Johannes XIX. († 1032) – und Stiftungen tätigte, in diplomatischem Kontakt mit zahlreichen Herrschern stand, 1027 sogar bei der Kaiserkrönung Konrads II. († 1039) in Rom anwesend war und Ansprüche auf mehrere Reiche erhob. In den seit den späten 1070er Jahren tobenden Konflikt zwischen den römisch-deutschen Königen und den Reformpäpsten (»Investiturstreit«) wurden auch skandinavische Herrscher involviert, und vor allem die

König Knūtr »der Große« und seine Gattin Emma/Ælfgyfu von der Normandie († 1052) als Stifter eines goldenen Altarkreuzes im Memorialbuch des »New Minster« von Winchester, ca. 1031. Die Darstellung entspricht voll und ganz dem lateineuropäischen Typus.

Dänenkönige spielten beide Seiten geschickt gegeneinander aus, um ihr Ziel einer vom Reich und dem Erzbistum Hamburg-Bremen unabhängigen skandinavischen Kirchenprovinz zu erreichen.

Skandinavien und die Kreuzzüge Das Einsetzen der Kreuzzüge zeigt diese Zugehörigkeit auf mehreren Ebenen. Schon am 1. Kreuzzug 1096–99 nahm ein dänisches Kontingent unter dem Prinzen Swēn teil, Sohn von Swēn Æstrīdson und Bruder des regierenden Königs Ērīkr »des Guten«, der 1103 selbst zu einem Kreuzzug ins Mittelmeer aufbrechen sollte – nur einer von mehreren skandinavischen Herrschern, die dies im 12. Jahrhundert taten. Sowohl von ihren europäischen Mitstreitern als auch ihren muslimischen Feinden und den Byzantinern wurden die skandinavischen Kreuzfahrer als normaler Teil der lateinischen Christenheit betrachtet. Darüber hinaus unternahmen die dänischen und schwedischen Könige seit dem 12. Jahrhundert selbst Kreuzzüge gegen noch nicht christianisierte Ostseeanrainer. Einige dänische Historiker sehen die Kreuzzugsidee als so zentral für das dänische und schwedische Selbstverständnis an, dass sie Dänemark und Schweden als Kreuzfahrerkönigreiche bezeichnen, ähnlich den mit der »Reconquista« befassten iberischen Reichen.

Parallelen und Unterschiede zu Lateineuropa In vielerlei Hinsicht glichen die skandinavischen Reiche den übrigen lateineuropäischen Herrschaften ihrer Zeit: Es gab ein stabiles Königtum, das Abgaben erhob, Münzen prägte und Recht sprach, die Organisation eines landesweiten militärischen Aufgebots, Städte mit Privilegien, aufgezeichnete Landesrechte, eine streng geregelte soziale Hierarchie, eine komplexe Kirchenstruktur mit Erzbistümern, Bistümern, Pfarrbezirken und Klöstern. Auf der anderen Seite gab es enorme Unterschiede: Oft teilten sich mehrere Könige die Herrschaft über eines der nordischen Reiche, die Erbfolge wurde noch nicht von der Kirche kontrolliert, Lehenswesen und Grundherrschaft hatten nicht alle Ebenen der Herrschaftsorganisation durchdrungen, das Kriegsschiff und nicht der schwer gerüstete Reiterkrieger blieb das wichtigste militärische Machtmittel.

Zentren dieser modernen mittelalterlichen Kultur waren in Skandinavien vor allem die Städte. Aus den teilweise nur saisonal bewohnten Handelsplätzen der Wikingerzeit, in deren größten vielleicht etwa tausend Menschen hinter einem Erdwall lebten, hatten sich vielerorts wirkliche Städte entwickelt. Der Handel war und blieb das ökonomische Rückgrat dieser Siedlungen, doch veränderte sich durch die Ansiedlung kirchlicher Institutionen und königlicher Residenzen ihr Charakter. Vor allem die den Seehandel des Nord- und Ostseeraums beherrschende Hanse mit ihren neuartigen Sozial- und Rechtsformen beschleunigte die Modernisierung und Europäisierung der skandinavischen Städte. Auf dem Land hingegen blieb vieles wie zuvor, Veränderungen fassten nur langsam Fuß.

Urbanisierung im Norden

Der wesentliche kulturelle Impulsgeber für die skandinavischen Reiche blieb das »alte« Lateineuropa, Deutschland, Frankreich, Italien und

Fokussierung auf Europa und England

England. Dorthin, an die großen und berühmten Dom- und Klosterschulen, später auch die Universitäten schickte man die intellektuelle Elite des Nordens zum Studium. Von dort gelangten der spätromanische und später gotische Baustil in den Norden, die höfische Kultur mit ihren ritterlichen Romanstoffen, die reiche Glaubenswelt mit Heiligentradition und kanonischem Recht, die lateinische Schrift und die mit ihr verbundene Buchkultur, die Rezeption der antiken Gelehrsamkeit und die scholastische Wissenschaft. Der Einfluss anderer Kulturräume, etwa der in der Wikingerzeit vor allem in Ostskandinavien sehr präsenten byzantinischen *oikūmenē*, verlor im Laufe der Zeit an Bedeutung.

Entwicklung der skandinavischen Geschichtstradition

Auch die skandinavischen Geschichtstraditionen entstammen dieser lateineuropäischen Intellektuellenkultur. Skandinavische Autoren passten ihre eigene wikingerzeitliche Vergangenheit in die großen europäischen Erzählungen mit ein. Der normannische Chronist Dudo von St. Quentin leitete um 1015/30 den Ursprung der Dänen etymologisch von dem Wort »Danaer« ab, einer Bezeichnung für die Griechen in den homerischen Epen und der *Aeneis* des Vergil († 19 v. Chr.), eine im Mittelalter übliche Methode der Wissenschaft; aus dem gleichen Geiste führte der dänische Geschichtsschreiber Saxo Grammaticus um 1200 die Dänen auf einen legendären Gründerkönig Dan zurück, während der nur kurze Zeit später schreibende Isländer Snorri Sturluson aus der Ähnlichkeit des Namens der Asen, eines der altnordischen Göttergeschlechter, mit dem Namen des Erdteils Asien den Schluss zog, dass jene Götter – die nach christlicher Lehre ja keine Götter sein konnten, sondern Dämonen oder Menschen – ursprünglich aus Asien und damit Troja gekommen seien. Man verfolgte die eigenen Völker weit zurück, machte sie zu Zeitgenossen der Trojaner, Griechen und Römer und versah sie mit Königen. Die Skandinavier sahen ihre eigene Geschichte nun mit den Augen der lateinisch-christlichen Tradition, sie europäisierten gleichsam ihre Vergangenheit.

> **»Das Land in Asien östlich vom Don nannte man Asenland oder Asenheim, und die Hauptstadt hieß Asgard (= Burg der Götter in der altnordischen Mythologie). In der Burg aber lebte ein Häuptling namens Óðinn.« Auszug aus der Sagasammlung *Heimskringla* (»Weltkreis«) des isländischen Politikers und Gelehrten Snorri Sturluson (um 1235).**

Freilich wurden die Kulturen des skandinavischen Raumes nicht vollständig europäisiert, einheimische Traditionen blieben bestehen und wurden an die neuen Gegebenheiten angepasst. In Norwegen und auf Island dichteten die Skalden bis ins 13. Jahrhundert ihre Verse im traditionellen »Hofton«, allerdings nicht nur auf Fürsten, sondern auch auf Heilige, und man lernte mit ihnen auf Island auch Lesen und Schreiben; alltägliche Texte wurden in Runen auf Holztäfelchen geritzt. Umgekehrt passte man importierte Kulturelemente an eigene Bedürfnisse an; so wurde in Island nach angelsächsischem Vorbild die lateinische Schrift dahingehend erweitert (teils mit Runen), dass sie die Laute des Altnordischen vollständig abbilden konnte. Heiligenlegenden, gelehrte Traktate, Pre-

Entstehen skandinavischer Sonderkulturen

digtsammlungen und höfische Romane wurden
– vor allem im isländisch-norwegischen Bereich –
in die Volkssprache übersetzt, sie lösten im Laufe
des späten 12. und frühen 13. Jahrhunderts das
Latein als Schriftsprache in diesem Raum weitgehend ab, während es in Dänemark und Schweden
bis ins Spätmittelalter bestimmend blieb.

Transformation des wikingerzeitlichen Skandinavien

Das Bewusstsein, dass Skandinavien an der nördlichen Peripherie Lateineuropas gelegen war, wie
es sich mit dem Sammelbegriff der »Nordlande«
artikulierte, und das Vorhandensein einer starken einheimischen Kulturtradition führte letztlich zum Entstehen einer nordischen Sonder-
identität, die sich bis zu einem gewissen Grad
vom übrigen Europa absetzte. Die zum Großteil
auf einheimischen Stoffen, auf Heldendichtung
und heidnischem Mythos fußende altisländische
Literatur mit ihren Eddas, Skaldengedichten und
Sagas ist ihre schönste Frucht, ihre stärkste politische Folge die Kalmarer Union von 1397, in der
alle drei skandinavischen Reiche bis in die Mitte
des 16. Jahrhunderts vereint waren. Es ist diese
Verschmelzung wikingerzeitlicher und mittelal-
terlich-christlicher Kultur, die Skandinavien im
Zusammenspiel mit der Reformation bis heute
prägt, es gleichzeitig zu einem Teil Europas
macht und ihm seine eigene Identität verleiht.

Anhang

Zeittafel

Einführung des Segels in Skandinavien.	**1. Hälfte 8. Jh.**
Gründung der Handelsorte Birka (Mittelschweden), Hæiðabýʀ (Jütland) und Alt-Ladoga (Russland).	**um 750**
Überfall auf das northumbrische Kloster Lindisfarne; Beginn der Wikingerzüge.	**793**
Überfall der Rus' auf die kleinasiatische Schwarzmeerküste; die Byzantiner reorganisieren ihre Küstenverteidigung.	**818/19**
Erzbischof Ebbo von Reims († 851) erhält die Missionslegation für Skandinavien.	**822**
Norweger besiedeln die Färöer.	**vor 825**
Ansgar († 865) wird zum Missions-Erzbischof erhoben; als Basis wird ihm Hamburg zugewiesen, später (848) Bremen.	**831/32**
Wikinger errichten ein Winterlager im heutigen Dublin.	**841**
Eine skandinavische Flotte erreicht das Mittelmeer und plündert in Marokko, Spanien und Südfrankreich.	**859**
Erster Überfall der Rus' auf Konstantinopel.	**860**
Das »große Heidenheer« in England; weite Teile der angelsächsischen Reiche werden bis 878 erobert.	**ab 865**
Besiedlung Islands von Norwegen und den britischen Inseln aus.	**um 870**

ca. 900	Durch einen Sieg über andere Kriegsherren gewinnt Haraldr »Schönhaar« († um 930) die Kontrolle über Südnorwegen.
911	Der westfränkische König Karl III. »der Einfältige« († 929) belehnt Wikinger mit Land in der heutigen Normandie.
934	Der ostfränkische König Heinrich I. († 936) besiegt den Dänenkönig Gnūpa; Neubeginn der Skandinavienmission.
960/65	Der Dänenkönig Haraldr »Blauzahn« († 988) wird mit seinem Gefolge getauft.
um 986	Grönland wird von Island aus besiedelt.
988	Der rus'ische Großfürst Vladimir von Kiew († 1015) nimmt das Christentum an.
995	Der getaufte Wikingerführer Óláfr Tryggvason († 999/1000) erobert Norwegen.
um 1000	Grönländische Schiffe erreichen Amerika.
1013–18	Eroberung Englands durch die Dänenkönige Swēn »Gabelbart« († 1014) und Knūtr »den Großen« († 1035).
1013/22	Einrichtung des ersten Bistums im heutigen Schweden im westgötischen Skara.
1030	Tod des Norwegerkönigs Óláfr Haraldsson, der bald als Heiliger verehrt wird.
1066	Der Norwegerkönig Haraldr »der Tyrann« fällt bei einem Eroberungsversuch in Nordengland gegen den englischen König Harold Godwineson (25.09.), der bei Hastings (14.10.) dem Normannenherzog Wilhelm »dem Bastard« († 1087) unterliegt.
1103/4	Das dänische Bistum Lund wird zum Erzbistum erhoben; der Dänenkönig Ērīkr »der Gute« stirbt auf einem Kreuzzug.

5

Literatur

The Cambridge History of Scandinavia. Band 1: Prehistory to 1520. Hg. v. Knut Helle. Cambridge 2003.

Eric Christiansen: The Norsemen in the Viking Age. Oxford u. a. 2002.

Klaus Düwel: Runenkunde. 4., überarbeitete und aktualisierte Auflage Stuttgart 2008.

Sven B. F. Jansson: Runes in Sweden. Stockholm 1987.

Medieval Scandinavia. An encyclopedia. Hg. v. Phillip Pulsiano. New York u. a. 1993.

Erik Moltke: Runes and their origin. Denmark and elsewhere. Kopenhagen 1985.

Alheydis Plassmann: Die Normannen. Erobern – Herrschen – Integrieren. Stuttgart 2008.

Reallexikon der germanischen Altertumskunde. 2., völlig neu bearbeitete und stark erweiterte Auflage. Hg. v. Heinrich Beck u. a. 37 Bände. Berlin u. a. 1973–2008.

Klaus von See: Skaldendichtung. Eine Einführung. München 1980.

Rudolf Simek: Die Edda. München 2007.

Rudolf Simek: Die Wikinger. 5. Auflage München 2009.

Rudolf Simek/Hermann Pálsson: Lexikon der altnordischen Literatur. Die mittelalterliche Literatur Norwegens und Islands. 2. Auflage Stuttgart 2007.

Terje Spurkland: Norwegian runes and runic inscriptions. Woodbridge 2005.

Heiko Uecker: Geschichte der altnordischen Literatur. Stuttgart 2004.

The Viking World. Hg. v. Stefan Brink/Neil Price. London u. a. 2008.

Die Wikinger. Geschichte und Kultur eines Seefahrervolkes. Hg. v. Peter H. Sawyer. 2. Auflage Stuttgart 2001.

Aussprachehinweise zum Altnordischen

Aufgeführt sind nur die vom Deutschen differierenden Ausspracheregelungen. Da die altnordischen Dialekte aber ausgestorben sind, handelt es sich um ein wissenschaftliches Konstrukt, das keineswegs unumstritten ist. Lange Vokale werden, je nach Dialekt, mit einem Akut (á, altwestnordisch) oder einem Makron (ā, altostnordisch) geschrieben und wie im Deutschen ausgesprochen; hat der Vokal kein diakritisches Zeichen, ist er kurz.

æ	»ä«
ð	stimmhaftes »th«, wie in engl. »that«
ei	»ej«, wie in engl. »hey«
ey	»öj«
ng	das »g« nach dem wie im Deutschen nasalierten »n« wird deutlicher ausgesprochen
œ	geschlossenes »ö«, wie in »Bö«
ø	offenes »ö«, wie in »Hölle«
ǫ	dunkles »a«, wie engl. »flop«
r	wie im Spanischen gerolltes »r«
ʀ	englisches »r«, wie in engl. »roll«
s	immer stimmlos
þ	stimmloses »th«, wie in engl. »thing«
v	deutsches »w«
w	englisches »w«, wie in engl. »wind«
y	»ü«

Übersetzungsnachweise:
S. 72 Adam von Bremen: Bischofsgeschichte der Hamburger Kirche. Übers. v. Werner Trillmich. In: Quellen des 9. und 11. Jahrhunderts zur Geschichte der Hamburgischen Kirche und des Reiches. Darmstadt 1978. Buch IV, Kap. 27, Zusatz 140, S. 471.
S. 77 Thietmar von Merseburg: Chronik. Übers. v. Werner Trillmich. Darmstadt 1957. Buch I, Kap. 17, S. 21.
S. 81 Übersetzung der Runennamen nach Klaus Düwel: Runenkunde. 4. Auflage Stuttgart 2008, S. 198f.
S. 91 Widukind von Corvey: Res gestae Saxonicae. Die Sachsengeschichte. Übers. v. Ekkehart Rotter/Bernd Schneidmüller. Stuttgart 1992. Buch III, Kap. 65, S. 217ff.
S. 97 Rimbert: Lebens Ansgars. Übers. v. Werner Trillmich. In: Quellen des 9. und 11. Jahrhunderts zur Geschichte der Hamburgischen Kirche und des Reiches. Darmstadt 1978. Kap. 21, S. 81ff.
S. 110 Adam von Bremen: Bischofsgeschichte der Hamburger Kirche. Buch IV, Kap. 39, S. 489ff.
Alle nicht angegebenen Übersetzungen stammen vom Autor.